교토 京都
의　　の
방식 流儀

교토 京都
의 の
방식 流儀

정치영 지음

흰소

서문

아마 세계 도시 가운데 가장 많은 안내서가 발간된 도시로 일본 교토를 꼽을 수 있을 것이다. 일본 서점에 가면 넓고 얕게 다룬 입문편에서부터 어쩌면 이렇게 깊게 파내려 갔나 하고 놀랄만한 상급편까지 수백 종의 교토 관련 서적이 별도의 코너에 진열되어 있다. 물론 한국 서점에서도 여러 종의 교토 안내서를 만날 수 있다.

그만큼 교토는 다양한 얼굴을 가진 매력적인 도시다. 교토만큼 유구한 역사와 세계에 자랑하는 문화유산, 풍요로운 자연의 혜택을 동시에 누리는 도시는 별로 없다. 천 년 이상 일본의 수도였던 교토는 옛것과 새것이 공존할 수 있음을 보여 주는 가장 좋은 사례다. 전통문화와 예술을 보존하면서도 수도인 도쿄보다 근대화에 빨리 착수한 혁신성을 지닌 도시가 교토다. 교토는 '법고창신(法古創新)', 즉 옛것을 본받아 새것을 창조하는 정신을 정말 잘 실천한다.

몇 년 동안 세계를 휩쓸었던 코로나바이러스감염증이 자취를 감추고 움츠러들었던 해외여행이 다시 성황을 이루면서 엔저 현상 등과도 맞물려 교토를 찾는 우리나라 사람들이 크게 늘고 있다. 관광객 대부분은 인터넷에 넘쳐 나는 여행 정보를 길잡이 삼아 유명 관광지를 구경하고 사진을 찍어 소셜 미디어에 올리고, 맛집을 찾아 현지의 문화를 체험한다는 식으로 여행한다. 이런 여행도 나쁘지 않으나, 교토의 진짜 모습을 보기는 어렵다.

사실 우리가 많이 찾는 교토의 명소에는 헤아릴 수 없을 정도로

긴 역사가 있고, 지나가는 길 곳곳에는 많은 사건과 이야기가 숨어 있다. 모든 명소는 역사적 경과를 거쳤고 우여곡절을 겪은 끝에 유명해졌으므로, 이러한 내용을 알면 더 흥미롭고 의미 있는 여행을 할 수 있다. 사진으로만 남는 여행이 아닌 눈과 마음에 남는 여행을 할 수 있는 것이다.

이 책은 지리학자인 필자가 2015년 12월부터 2016년 12월까지 일 년간 교토대학에 연구자로 체류하면서 직접 보고 경험한 것을 중심으로 썼다. 관광지에 관한 일반적인 소개도 있으나, 교토 사람의 일상이나 거리를 걸으며 마주친 풍경에 관한 내 나름의 생각을 담은 글이 많은 부분을 차지한다. 따라서 꼭 여행을 가지 않더라도 교토에 관심을 가진 독자들이 이 도시가 가진 다채로운 면모를 이해하는 데 보탬이 될 것이다.

벌써 십 년이 다 된 이야기라 낡은 정보는 아닐까 걱정이 되기도 했으나, 교토만큼 느리게 변하는 도시도 없으므로 당시의 기록이 아직도 유효하다. 대신 여행과 관련된 정보는 최신의 내용을 다시 찾아 넣었다. 아무쪼록 독자들이 교토라는 도시를 더 깊게 바라볼 수 있는 눈을 키우는 데에 이 책이 조금이라도 도움이 됐으면 좋겠다.

| 4 | 서문 |

1 교토의 방식

10	새해맞이(창문에 뽁뽁이를 붙이면서······.)
15	교토의 방식
18	자전거 주차위반
22	조금 느리더라도
26	두 시인도 오리를 보았을까 도시샤대학 윤동주, 정지용 시비
32	3월의 눈 긴카쿠지(금각사)
36	쪼그리고 앉아 이끼를 돌본다 긴카쿠지(은각사)

2 오래된 도시의 기능성과 예술성

44	거리의 관찰자
51	대문의 기초로 깐 돌들이 예사롭지 않다
59	도시형 전통 주택, 마치야
67	마치야의 언어
78	도시와 골목길
86	가게의 얼굴, 노렌
95	작은 것이라도 함부로 없애지 않는다
100	발견! 이케즈이시
104	조용하고 정갈한 마을에서 샤케초

3 정원에 관한 아주 일반적인, 약간의 개인적인 설명

112	관음의 지혜를 얻을 때까지 지센 정원
121	돌의 의미에 대해서는 해석이 분분하다 가레산스이 정원
127	차를 마시기 전에 로지 정원

140	매일 쓸고 닦는 청소의 산물
152	가쓰라리큐 방문기! 가쓰라리큐
174	20세기 정원 도후쿠지

4 일상과 축제 사이

182	아오이 잎을 머리에 쓰고 아오이마쓰리
189	그래도 여름에 가야 한다면 기온마쓰리
201	좋은 자리를 차지할 요량으로 서둘러 지다이마쓰리
207	축제는 도시를 닮는다

5 내가 사랑하는 것들을 교토에서도 즐기는 방법

214	야구를 멀리하면 오래 살 것 같으나 고시엔
227	맥주 이야기가 나왔으니 말인데
231	아이스크림에 청주를 후시미
236	따뜻한 원두를 가슴에 품고

6 계절을 기억하는 교토

242	걷던 길을 잠시 멈추고
251	납량상이 조립되면 여름이 온다
257	7월의 사사카자리
262	붉게 타오르다

276	참고한 책
278	후기

1

교토의
방식

한 달 가까이
지나다니다가 그제야
눈에 띌 정도로
작고
수수하다.

새해맞이
(창문에 뽁뽁이를 붙이면서…….)

2015년 12월 22일 아침 아내와 함께 김포에서 출발하는 비행기를 타고 오전 열 시 삼십 분경 간사이공항에 안착했다. 박사 후 연구 과정을 위해 2000년부터 일 년간 오카야마岡山라는 소도시에 살았던 경험으로 일본 생활에 필요할 물건들을 이것저것 챙기다 보니 커다란 이민 가방이 네 개나 됐다.

그중에서도 가장 중요하게 챙긴 것은 전기요였다. 일본 서남쪽에 해당하는 교토나 오카야마는 서울보다 겨울 평균 기온이 훨씬 높아 따뜻하다. 그러나 문제는 일본 주택이 난방시설이 시원찮다는 점이다. 북쪽 홋카이도北海道와 도호쿠東北 지방을 제외하면 일본은 난방시설이 전혀 없는 집이 대부분이다. 더욱이 집들은 무더운 여름을 나기 위해 큰 창문이 많으며, 그 창문은 이중창이 일반적인 한국과 달리 홑창이다. 겨울에는 찬바람이 숭숭 들어온다. 일본 사람들은 우리보다 옷을 두껍게 입고 전기나 석유를 사용하는 난로, 전기담요 등으로 추위를 견딘다. 일본 영화를 보면 탁자 밑에 화로를 넣고 그 위에 이불이나 포대기를 씌운 고타쓰炬燵라는 난방장치에 온 식구가 손이나 다리를 넣고 몸을 녹이는 장면이 나오곤 한다. 고타쓰는 요즘도 많이 사용하며, 안쪽에 전기히터가 달려 있다. 최근에 지은 고급 아파트에는 한국과 같이 바닥에 난방시설을 설치한 곳도 있다.

원래 교토대학 지리학과 교수님이 간사이공항에 마중을 나오겠다고 했으나, 처음부터 폐를 끼치는 것에 마음이 쓰였고, 또 바리바리 많은 짐을 가지고 온 모습을 보여주기도 싫어 미리 한국에서 대형택시를 예약했다. 재일교포가 교토에서 처음 설립한 뒤 독특한 영업 전략으로 일본 전국으로 확장한 'MK택시'라는 회사의 택시를 일부러 타 보았다. 공항에서 특정 지점까지 정액제여서 미터기를 바라보면서 올라가는 요금 걱정에 마음 졸이지 않아도 되어 좋았다.

간사이공항에서 한 시간 반 가까이 걸려 일 년 동안 생활할 교토대학 국제교류회관 슈카쿠인修学院 본관에 도착했다. 국제교류회관은 외국인 연구자와 유학생을 위한 숙박시설로, 슈카쿠인 본관은 교토대학 캠퍼스에서 북쪽으로 3.5킬로미터쯤 떨어져 있다. 나를 초청해 준 고메이에米家 교수님이 미리 와 계셔서 처음으로 인사를 나누고, 직원에게 방을 배정받았다. 배정받은 부부용 숙소는 40제곱미터 규모로, 부엌, 욕실이 딸린 작은 거실과 제법 큰 방 하나로 이루어져 있었다. 냉장고, 세탁기, 전자레인지 등을 갖추어 편리했고, 한 달 이용료가 43,000엔이어서 서울의 월세에 비하면 저렴한 편이었다. 일반적으로 한국보다 일본의 물가가 비싸다고 알고 있지만, 교토대학 근처 시설이 괜찮은 원룸은 월세가 70,000엔 내외였으며, 지금도 별로 변화가 없다.

숙소에 짐을 푼 뒤, 며칠 동안은 교토 생활에 필요한 것들을 준비했다. 먼저 첫날은 구청에 가서 재류(在留) 카드를 만들고, 국민건강보험을 신청했다. 재류 카드는 일본에 석 달 이상 체류하는 외국인의 신분증으로 한국의 외국인등록증과 같은 역할을 한다. 국민건강보험은 병원에 갈 일이 있을 때 꼭 필요하다. 일본에서 수입이 없으므로 매달 3,000엔 정도를 냈다. 교토에 있는 동안 병원에 두 번 갔는데 큰 도움이 됐다. 둘째 날은 일본에서 쓸 핸드폰을 만들고, 텔레비전 등 전자제품을 샀다. 그리고 은행에 가서 계좌를 만들었는데, 계좌를 열

교토대학 외국인 숙소의 침실이다. 침대와 작은 책상이 있고, 침대 뒤에는 커다란 벽장이 있다. 침대에 한국에서 가져간 전기요를 깔았다.

때 아직도 도장을 요구하는 은행이 많다. 혹시 일본은행에 계좌를 만들려면 미리 한국에서 도장을 만들어 가는 것이 좋다. 일본에서는 도장에 대체로 성(姓)만 새긴다. 그래서 스즈키鈴木, 다나카田中와 같이 흔한 성의 도장은 문구점에 가도 살 수 있다. 미리 새긴 기성품을 팔기 때문이다. 셋째 날은 학교에 가서 연구실 자리를 배정받고 도서관 이용증을 신청하고 학교 생협에도 가입했다. 생협에 가입하면 학교 식당을 이용하거나 책을 살 때 할인을 받을 수 있다.

며칠 동안은 쇼핑센터를 오가며 필요한 생활용품을 사고, 시내를 구경했다. 이때 장만한 물건 중에는 숙소 창문에 붙인 '뽁뽁이', 즉 에어캡도 있다. 큰 유리문을 통해 냉기가 들어오므로 단열을 위해 에어캡을 붙이고, 창틀 사이에도 보온용 테이프를 꼼꼼히 붙였다. 더 추운 한국에서도 하지 않던 일이다. 일반 가정집과 달리 숙소에는 전기 냉난방기가 설치되어 있었으나, 오래 틀면 실내 공기가 건조해지고 또 전기료도 걱정되어서 하는 수가 없었다.

교토대학 외국인 숙소의 거실 및 부엌으로, 냉장고,
전자레인지 등이 있어 생활하는 데 별다른 불편이 없었다.

대충 살림살이를 갖추고 나니 연말연시가 됐다. 일본은 양력 1월 1일만 공식적인 휴일이지만, 이를 전후하여 며칠을 쉬는 가게나 회사가 많으며, 교토대학도 5~6일을 쉰다. 연말에 교토에서 만날 수 있는 인상적인 풍경은 집과 가게마다 대청소를 하는 모습이다. 집과 가게 안은 물론, 바깥과 앞길도 물로 정성스럽게 닦아 낸다. 일본에서는 연말에 대청소하는 풍습을 스스하라이煤払い라고 부르는데, 일 년 동안의 더러움을 제거하고 새로운 해를 맞이하는 준비이며, 액운을 몰아낸다는 의미도 있다. 말끔하게 물청소를 끝내고 물기를 머금어 반들반들한 가게 입구를 보면 기분까지 맑아진다. 대개 현관문에는 신을 맞이하는 의미로 볏짚과 종이로 만든 장식물을 단다. 이런 소소한 의식들이 연말연시의 정취를 더한다.

일본 사람들은 1월 1일에 신사를 찾아 가족들의 건강과 행운을 기원한다. 이날 나는 교토 중심부에 있는 가장 큰 신사인 헤이안진구平安神宮(헤이안신궁)에 가 봤다. 헤이안진구는 1895년 교토 천도 천백

주년을 기념하여 헤이안쿄平安京의 옛 왕궁을 본떠서 만든 신사다. 헤이안쿄는 794년부터 1869년까지 교토가 일본의 수도였던 때의 이름이다. 하루 종일 참배하러 온 남녀노소의 사람들로 북적였고, 신궁 주위에는 노점이 늘어서 왁자지껄한 분위기였다. 일본인들은 이렇게 경건함과 즐거움이 교차하는 새해 첫날을 맞이한다. 조용하게 가족들과 새해를 맞는 한국의 설날과는 사뭇 달랐다.

교토의 방식

1월 초 연휴를 마치고 본격적으로 학교에 나가기 시작했다. 교토대학 문학부 지리학교실은 교토 도심의 북쪽에 있는 요시다吉田 캠퍼스에 있다. 문학부 건물은 비교적 최근에 지어진 8층 높이의 건물이어서 전망이 좋았다. 연구실 창문 밖으로 교토 북쪽의 산들이 병풍처럼 펼쳐졌다. 교토대학은 공간 사정이 넉넉하지 않아 대학원생들과 같이 연구실을 써야 했다. 고메이에 교수님은 미안해했지만 학교에 돈을 내거나 하지 않는 나로서는 공간을 제공해 준 것 자체가 고마운 일이었다. 요즘 미국 대학들은 방문 연구자에게 일정한 돈을 받는 경우가 많다.

내가 앉게 된 책상의 다리에는 '교토제국대학문학부(京都帝國大學文學部)'라는 금속 표지가 붙어 있었다. 1947년에 교토제국대학이 교토대학으로 명칭이 변경됐으므로 최소 칠십 년 이상이 된 책상이었다. 그동안 얼마나 많은 사람이 이 책상을 사용했고, 또 앞으로 사용할지 생각해 보았다. 대학 시절 강당에서 '보성전문(普成專門)'이란 글씨가 새겨진 책상을 발견했던 기억도 떠올랐다. 한국이나 일본이나 대학은 옛것이 많이 남아 있는데, 이것을 전통의 계승이라고 좋아해야 할지, 발전이 없다고 싫어해야 할지는 의문이다. 다만 쓸 수 있는 물건을 버리지 않고 계속 사용하는 것은 지구를 위해서 꼭 필요한 일이다.

숙소와 학교와는 꽤 거리가 멀어서 대개 아침에는 전차로, 저녁에는 걸어서 통학했다. 전차를 타면 같이 탄 사람들의 표정과 행동을

연구실 책상에 붙어 있던 '교토제국대학 문학부(京都帝國大學文學部)'라는 금속 표지.

교토대학 문학부 연구실에서는 연달아 있는 교토 북부의 산들이 보인다. 창밖 풍경을 보며 교토가 분지임을 실감했다.

관찰할 수 있었고, 걸으면 거리 모습을 꼼꼼하게 살필 수 있어서 좋았다. 차를 타고 빠르게 지나가면 놓칠 수밖에 없는 것들을 볼 기회가 생기므로 나는 걷는 걸 무척 좋아한다. 지리학을 공부하는 우리 학생들에게도 되도록 도보 답사를 권한다.

매일 오가면서도 무심히 지나치다가 거의 한 달 만에 학교 화단에서 발견한 작은 돌(?)이 있다. 1981년 노벨화학상을 받은 후쿠이 겐이치福井謙一 교수의 수상 기념비다. 그는 프런티어 분자 궤도 이론을 발표하여 아시아 최초로 노벨화학상을 받았다. 1949년 일본인 최초로 노벨상을 받은 유카와 히데키湯川秀樹 교수를 비롯하여 학부 졸업생을 기준으로 교토대학은 지금까지 모두 여덟 명의 노벨상 수상자를 배출했다고 한다. 이렇게 많은 수상자도 부러운 일이지만, 나는 이런 소박한 규모와 방식으로 노벨상 수상을 기념하는 일이 더 부러웠다. 한

교토대학 화단에서 발견한 후쿠이 겐이치 교수의 노벨상 수상 기념비.
한 달 가까이 지나다니다가 그제야 눈에 띌 정도로 작고 수수하다.

국에는 아직 나오지 않은 수상자를 위해 광장에 기념비를 세운 학교도 있다. 노벨상 수상자가 배출되기를 기원하는 뜻은 이해가 가지만, 그런 데 돈을 쓰기보다는 실질적인 연구 지원이 더 중요하지 않을까? 작은 기념비를 찍어 소셜 미디어에 사진을 올렸더니 한 친구는 홀인원 기념비보다 못하다는 댓글을 달았다. 나는 골프를 치지 않아 잘 모르지만, 한국에서는 골프장에 홀인원 기념으로 비석을 세우는 모양이다.

자전거 주차위반

일본 도시에서는 자전거가 중요한 교통수단이다. 산으로 둘러싸인 분지에 자리 잡은 교토는 시내 지형이 대체로 평탄하여 자전거로 출퇴근하거나 통학하는 사람이 많다. 남성보다는 여성이 자전거를 더 많이 타며, 특히 젊은 엄마들은 아침에 자전거로 아이를 유치원이나 보육원에 데려다준다. 보육원은 한국의 어린이집에 해당한다. 아이가 타는 시트를 설치한 자전거가 많고, 아이가 둘이면 앞뒤에 시트를 단다. 한 아이는 가슴에 매달아 자전거로 세 명의 아이를 데리고 다니는 엄마를 보고 놀란 적도 있다. 경험(?)이 풍부한 할머니들은 얌전하면서도 능수능란한 운전 솜씨를 자랑한다. 자전거를 전혀 타 본 적이 없는 내 아내도 오카야마에서 살던 때인 2001년에 아이를 보육원에 데려다주기 위해 처음으로 자전거를 배웠다. 그때와 비교하면 아이들을 위한 자전거 시트도 많이 개량되어, 더 안락해지고 추위와 바람을 막는 장치도 생겼다.

    자전거가 많아서 교토는 보도와 자전거가 다니는 길이 구분되어 있다. 그리고 사람이 많이 모이는 장소에는 자전거도 많이 주차되어 있다. 특히 오래된 교토대학 캠퍼스에는 주차 공간이 거의 없어서 승용차를 이용하는 교직원이나 학생이 없으며, 자전거나 대중교통 이용을 당연하게 생각한다. 최근 주차장 부족 문제를 해결하기 위해 지하 캠퍼스를 만드는 한국 대학에 와 보면, 일본인들은 한국의 문제 해결 능력에 감탄할지도 모른다. 따라서 교토대학 안에서는 업무용 차량을 빼면 거의 차를 볼 수 없으며, 곳곳에 주차된 자전거 무리만 눈에 띈다. 학생들이 많이 이용하는 도서관 앞은 수백 대의 자전거가 진을 치고 있다. 저 중에서 어떻게 자기 자전거를 찾을지 괜한 걱정도 해 보았다.

　자전거가 많으니 그로 인한 문제가 적지 않다. 자전거 도난 사고도 자주 발생하고, 자동차와 마찬가지로 불법주차도 문제다. 그래서 일본에서는 자전거를 살 때 의무적으로 방범 등록을 해야 하고, 시내에는 아무 데나 자전거를 세울 수 없다. 방범 등록은 자전거 판매점을 통해 경찰 등 정해진 기관에 자전거의 특징과 소유자 정보를 제출하여 등록하는 절차로, 비용으로 500엔을 내야 한다. 등록을 마치면 자전거에 등록필 스티커를 붙여 준다. 이미 방범 등록 스티커가 붙어 있는 중고 자전거를 사더라도 주인이 바뀌면 새로 등록해야 한다. 방범 등록은 자전거 도난 방지가 목적이지만 주차위반을 단속하는 데도 이용된다.

자전거 앞뒤로 아이를 시트에 태우고 짐까지 실은 어머니를 흔히 볼 수 있다. 앞쪽에는 바구니를 달아 장을 볼 때 쓴다. 아이들은 헬멧이 필수다.

교토에서 비교적 넓은 도로는 인도와 자전거 도로가 분리되어 있다.

교토대학 부속도서관 앞의 자전거 무리다. 시험 기간이라 자전거가 더 많아졌다.

지하철역에 있는 자전거 주차장이다. 2단으로 주차할 수 있다.

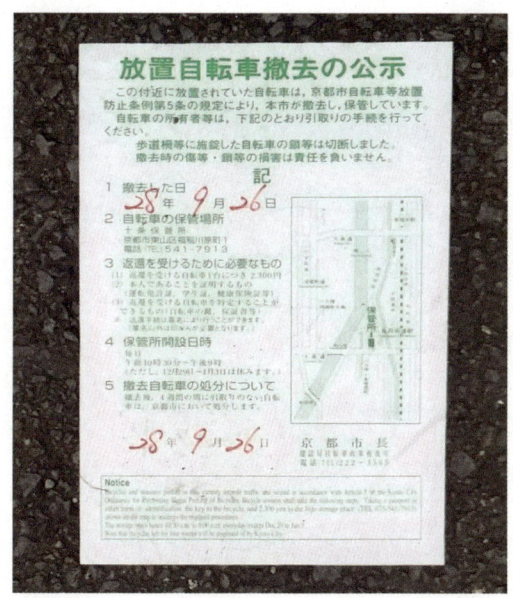

길바닥에 자전거 주차위반 통지문이 붙어 있다.
견인해 간 자전거를 보관하는 장소의 약도가 그려져 있다.

하루는 학교에 가다가 길바닥에 이상한 종이가 붙어 있어 자세히 보니 주차위반으로 자전거를 견인했다는 통지문이었다. 한국에서 불법 주차한 자동차를 견인하듯이 자전거를 끌어간 것이다. 통지문을 보니 자전거를 찾으려면 신분증을 가지고 보관소에 가서 2,300엔을 내야 한다고 적혀 있다. 시내에는 곳곳에 자전거 유료 주차장이 있고, 특히 전철역 부근에는 환승 주차장이 있다. 요즘은 한국에서도 전철역 주변에 자전거 주차장을 만들어 놓은 것을 볼 수 있다. 아무튼 이렇게 자전거를 사고 타려면 신경 써야 할 일이 많아 귀찮은 일이 질색인 나는 교토에서의 일 년 동안 자전거를 타지 않고 걷거나 버스, 전차를 이용하기로 했다.

조금 느리더라도

교토를 구경할 때는 아무래도 곳곳을 빠짐없이 누비는 버스를 많이 타게 된다. 한국의 버스와 가장 큰 차이는 버스를 뒤쪽으로 타고, 앞쪽으로 내린다는 점이다. 또 하나의 차이점은 시내에서도 균일 요금 구간과 거리에 따라 요금이 변하는 조정 구간이 있다는 것이다. 교토 버스의 균일 요금은 230엔으로 서울보다 비싸다. 조정 구간을 운행하는 버스를 탈 때는 주의가 필요하다. 먼저 버스를 탈 때 문 옆에 있는 기계에서 정리권(整理券)을 뽑아야 한다. 정리권에는 숫자가 적혀 있고 승객이 어디에서 탔는지가 표시된다. 버스 앞쪽 운전석 위 모니터에는 숫자와 그에 따른 운임이 표시된 요금표가 나오므로 버스를 내릴 때 정리권 숫자에 맞는 운임을 내고 내리면 된다. 버스에서 내리는 방법은 한국과 마찬가지다. 내리기 전에 좌석 가까운 곳의 하차 버튼을 누르고, 버스가 완전히 정차하면 운전석 옆에 있는 요금 상자에 돈과 정리권을 넣고 내리면 된다. 잔돈이 없을 때는 요금 상자에서 교환할 수 있다. 지금까지 설명한 절차가 복잡해 보일 수 있다. 그래서 나처럼 소심한 사람은 교토에서 처음으로 버스 타는 것이 꺼려질 수도 있다.

물론 간단한 방법이 있다. 선불 교통카드인 아이시(IC) 카드를 이용하는 방법이다. 이 카드는 전철역 등에서 팔며, 한국과 마찬가지로 버스를 타고 내릴 때 그냥 찍으면 된다. 아이시 카드는 지방이나 발행 기관에 따라 이름이 다른데, 교토에서는 제이알니시니혼JR西日本(JR서일본여객철도주식회사)이 발행한 이코카(ICOCA) 카드를 많이 쓴다.

버스가 교토 시내 중심가를 달리고 있다.

 이 카드는 전국적으로 버스, 지하철, 전철 등 교통수단을 이용할 때는 물론, 편의점 등에서 물건을 살 때도 사용할 수 있다.

 한국 사람들은 교토 버스를 타면 무척 답답하다고 느끼기 쉽다. 대개 달리는 시간보다 사람들이 타고 내리는 시간이 더 길게 느껴지기 때문이다. 요즘 한국도 이런 문화가 정착되어 가고 있지만, 교토에서는 버스가 완전히 정차해야 사람들이 자리에서 일어난다. 그리고 아직도 현금을 사용하는 사람이 많아 카드를 찍는 것에 비해 시간이 더 걸린다. 요금 상자 앞에 와서 비로소 주머니에서 동전 지갑을 꺼내어 동전을 세고 운전기사의 확인을 받고 넣는 모습을 보면, 성질이 급한 한국 사람은 참기 어렵다. 더구나 내리면서 거스름돈을 바꾸는 사람도 많다. 무엇보다 교토 버스의 주된 고객이 노인과 관광객, 특히 외국인 관광객이므로 승하차 시간이 길어질 수밖에 없다. 그러니 우리도 교토에서 버스를 타는 일이 어려울까 봐 미리 걱정할 필요가 없다.

번화가인 시조가와라마치四条河原町의 버스정류장이다.
물을 뿜는 장치가 설치되어 한여름의 무더위를 식혀 준다.

    한편, 교토의 버스 기사들은 운전뿐만 아니라 여러 가지 일을 한다. 요즘은 달라졌는지 모르겠으나, 정류장 안내 방송이 자동으로 나오는 한국과 달리 교토에서는 내가 있었던 2016년까지도 정류장과 승하차 안내 방송을 버스 기사가 마이크를 차고 라이브로 직접 했다. 여기에 승객이 요금을 제대로 내는지 확인하는 일도 기사의 몫이며, 교토가 낯선 관광객이나 노인 가운데는 기사에게 여러 가지를 물어보는 사람도 적지 않아 여기에도 대답해야 한다. 기사들의 육성 안내 방송은 사람마다 목소리의 톤, 발음 등에 개성이 묻어 있어 듣는 재미가 있다. 일본어를 조금밖에 할 줄 모르는 외국인도 알아듣기 쉽게 천천히 정확한 발음으로 방송하는 기사도 있지만, 대충 얼버무리는 기사도 간혹 있다.

    교토의 버스는 대개 밤 열 시까지 운행한다. 그 이후가 되면 전차나 택시를 타야 한다. 나는 교토에 있는 동안 밤늦게 다닐 일이 별로 없었고, 택시 요금도 한국보다 비싸서 택시를 거의 타지 않았다. 교토

버스의 내부다. 운전석은 오른쪽에 있고, 운전석 옆에 요금을 넣는 통이 있다.

골목길에 택시와 인력거가 나란히 서 있다.

에서 택시를 탈 때 주의할 점은, 먼저 택시도 소형, 중형, 대형이 있어 크기에 따라 요금이 다르므로 인원이 많지 않다면 되도록 소형을 타는 게 좋다. 그리고 택시 뒷좌석의 문을 기사가 자동으로 여닫으므로 억지로 문을 열려고 하면 안 된다. 한국과 같이 심야에는 할증 요금이 적용된다.

두 시인도 오리를 보았을까

도시샤대학 윤동주, 정지용 시비

교토는 역사와 전통의 도시이지만, 젊은이의 도시이기도 하다. 20~25세의 젊은이가 교토 인구의 약 11퍼센트를 점한다는 통계가 있다. 이는 교토에 유별나게 대학이 많기 때문이다. 대학의 숫자로 말하면 도쿄가 월등하지만, 전체 인구에서 대학생이 차지하는 비중은 교토가 전국에서 항상 1위를 차지한다. 교토 사람 열 명 중 한 명이 대학생이라고 보면 맞다.

왜 이렇게 교토에 대학생이 많을까? 교토는 전통을 중시하는 곳이지만, 새로운 것을 받아들이는 혁신적인 토양도 함께 지니고 있다. 1869년 수도를 도쿄로 옮기기 전까지 교토는 정치, 문화, 학문의 중심지였다. 절과 신사가 많았고, 승려, 학자, 귀족 등 지식인의 집합지였으며, 출판업이 특별히 발달하여 책을 읽는 풍토가 배양됐다. 그래서 대학 창설에도 적극적이었다. 도쿄제국대학이 설립된 이후, 곧 일본 제2의 도시라는 오사카에 제국대학이 만들어질 예정이었으나, 설립 자금이 제대로 조성되지 않아 오사카 대신 교토에 제국대학이 세워졌다. 바로 지금의 교토대학이다. 교토의 양대 사학으로는 도시샤同志社대학과 리쓰메이칸立命館대학을 꼽는다. 이 중 도시샤대학도 처음에 오사카에 만들 계획이었으나 자금이 모이지 않은 차에 부지를 제공받고 기부도 이어진 교토에 설립하게 됐다. 리쓰메이칸대학은 설립자가 조정의 관리여서 교토에 만들었다. 이 밖에 절에서 설립한 대학이 많다. 류코쿠龍谷대학, 오타니大谷대학, 붓쿄佛教대학, 교토여자대학 등이 모두 교토의 사찰들이 승려의 자제들을 교육하기 위해 세운 대학들이다. 일본 불교의 승려는 대부분 결혼하며, 아들이나 양자를 통해 주지직을 계승한다. 이렇게 교토에는 일찍부터 대학이 많이 설립되어 지금도 삼십여 개 대학이 있다고 하며, 그래서 대학생이 많은 것이다. 혹자는 교토의 가장 중요한 산업이 대학이라고도 하며, 술집의 가장 중요한 고객이 대학교수와 승려라고도 한다.

　교토에 대학이 많다 보니 일제강점기에 교토에서 유학한 한국인이 적지 않았다. 그들은 귀국하여 유명한 승려와 학자 그리고 관료로 활동하여 한국 사회의 엘리트가 됐다. 교토 유학생으로 우리가 꼭 기억해야 할 인물로는 시인 윤동주와 정지용을 꼽을 수 있다. 두 사람은 모두 도시샤대학을 다녔으며, 다행히 그들을 기념하는 시비(詩碑)가 도시샤대학에 서 있다. 도시샤대학은 1869년 천황이 도쿄로 옮겨가기 전까지 살던 왕궁인 교토고쇼京都御所 바로 북쪽에 있다. 교토대학에서

새 학기를 맞아 도시샤대학 학생들이 동아리 신입생을 모집하기 위해 적극적으로 홍보 활동을 하고 있다.

도시샤대학 예배당 앞 홍매화가 피었다.

걸어갈 만한 거리이므로, 말로만 듣던 윤동주의 시비를 보기 위해 나는 2월 초에 도시샤대학에 갔다.

 네모난 콘크리트 건물이 가득한 교토대학과 달리, 도시샤대학은 기독교계 학교여서인지 고풍스러운 서양식 건물로 가득 차 있었다. 건물마다 건축 양식이 제각기 달라 근대 건축을 공부하는 사람에겐 중요한 곳이라 한다. 아메리칸 고딕 양식이라는 예배당과 그 앞에 핀 매화가 인상적이었다. 서로 잘 어울리지 않을 것 같은데 그런대로 괜찮았다. 건물 구경은 뒤로 미루고 빨리 윤동주 시인의 시비를 보고 싶었으나, 따로 안내판이 설치되어 있지 않아 이리저리 헤매다가 되돌아온 예배당 근처에서 사이좋게 나란히 서 있는 윤동주, 정지용 시인의 시비를 발견했다.

 윤동주 시비에는 대표작 「서시(序詩)」가 한글과 일본어로 새겨져 있고, 시비 옆에 대학이 만든 자그마한 안내판에는 윤동주가 '코리아의 민족시인이며, 독실한 크리스천 시인'이라고 쓰여 있다. 또, 연희

윤동주 시비에는 항상 많은 꽃이 놓여 있다.

정지용 시비에는 시 「가모가와鴨川」가 한글과 일본어로 새겨져 있다.

윤동주와 정지용의 시비가 나란히 서 있다.

전문학교를 졸업하고 1942년 일본에 건너와 도시샤대학 문학부에 입학했으며, 1943년 7월 한글로 시를 썼다는 이유로 독립운동 혐의로 체포됐고, 재판에서 징역형을 선고받아 후쿠오카 형무소에서 복역하던 중 1945년 2월 옥사했다고 기록되어 있다. 시비는 도시샤 교우회 코리아 클럽의 발의로, 그가 사망한 지 오십 년이 된 1995년에 건립됐다고 한다. 이 설명문 가운데 내 눈에 들어온 것은 '코리아'라는 나라 이름이다. 일본에서는 한국과 북한, 어느 쪽을 지칭하기 어려울 때 보통 애매하게 '코리아'라는 표현을 쓴다.

윤동주보다 이십여 년 선배인 정지용의 시비에는 교토를 노래한 시 「가모가와鴨川」가 한글과 일본어로 새겨져 있다. 가모가와는 '오리강'이라는 의미다. 이 강은 교토 시내를 남북으로 관통해 흐르며, 교토에서는 마치 서울의 한강과 같은 의미와 역할을 지닌다. 시비의 안내판에는 '한국 현대시의 아버지'라 불리는 정지용이 1923년 도시샤대학 예과에 입학하여 1929년 영문학과를 졸업하기까지 육 년 동안 이곳에 머물렀고, 옥천군, 옥천문화원, 정지용기념사업회가 그를 기

흐린 날일수록 가모가와 강변에 서면 여러 감정이 떠오른다.

리기 위해 시비를 세웠다고 기록되어 있다.

　나는 교토에 있는 동안 이곳을 여덟아홉 차례 찾았다. 한국에서 친구들이 찾아오면 교토 관광 코스 중 하나로 이곳을 안내하곤 했기 때문이다. 갈 때마다 두 사람의 시비 앞에는 꽃과 술, 음료수 등이 놓여 있고, 윤동주 시비 앞에는 사람들이 놓고 간 돈이 든 상자도 있었다. 일부러 이곳을 찾는 한국인이 많다는 사실을 보여 준다. 그런데 이곳을 방문한 한국인이 못 보고 가는 것이 있다. 우연인지 일부러 심었는지는 확인하지 못했으나, 나는 시비 인근에서 무궁화를 발견했다. 친절하게 '무쿠게ムクゲ'라는 무궁화의 일본말 이름표도 붙여 놓았는데, 여름을 대표하는 꽃이라는 설명만 있고 한국과 관련된 설명은 없었다.

　교토대학에서 도시샤대학을 가려면 정지용이 시로 읊은 가모가와를 건너야 한다. 나는 강을 건널 때마다 두 시인을 떠올리곤 했다. 가모가와에는 이름 그대로 간혹 오리들이 놀고 있었다. 두 시인도 오리를 보았을까? 강변을 산책하며 시상(詩想)에 잠기었을까, 아니면 향수를 달래었을까? 흐린 날의 가모가와를 바라보면서 시인이 느꼈을 감정을 조금은 이해할 것 같았다. 교토에 살고 있는 이방인으로서.

3월의 눈

긴카쿠지(금각사)

2016년 3월 1일, 아침에 일어나 보니 눈이 와 있었다. 따뜻한 교토에서 3월에 눈이라니. 교토의 설경은 마지막일지도 몰라 서둘러 긴카쿠지金閣寺(금각사)로 달려갔다. 내가 본 긴카쿠지를 찍은 사진 가운데 눈으로 덮인 긴카쿠지의 모습이 가장 인상적이었기 때문이다. 이런 사진에는 대개 '눈으로 화장한 신비로운 긴카쿠金閣'라는 설명이 붙는다.

추운 날씨에도 나처럼 설경을 즐기려는 관광객들로 경내는 무척 붐볐다. 긴카쿠지와 그 앞의 연못인 교코치鏡湖池를 함께 사진에 담을 수 있는 곳에 서기 위해서는 줄을 서야만 했다. 차례가 오면 사람들은 그곳에 서서 3층의 긴카쿠지와 이름 그대로 거울(鏡) 같은 호수에 비친 긴카쿠지, 이렇게 두 개의 긴카쿠지를 한 장의 사진에 담는다. 내가 도착하니 눈발이 날리다가 날이 다시 개었다. 이미 눈이 대부분 녹고 긴카쿠지의 지붕에만 남아 있어 아쉬웠지만, 대신 환한 햇살을 받은 금색의 긴카쿠지는 더욱 화려하게 빛났다. 빠르게 긴카쿠지 설경 구경을 마치고 학교로 돌아와 점심을 먹었다. 그리고 컴퓨터를 켜 보니 3월 1일, 바로 오늘이 삼일절이라는 사실을 뒤늦게 깨달았다. 일본에서 맞는 삼일절에 조금 묘한 기분이 들었다.

긴카쿠지, 이 절의 본이름은 로쿠온지鹿苑寺다. 로쿠온鹿苑이라는 이름은 이 절을 창건한 무로마치室町 막부(幕府)의 3대 쇼군将軍 아시카가 요시미쓰足利義滿의 법명에서 딴 것이다. 일본의 최고 권력자였던

긴카쿠지에 눈이 내리고 있다.

긴카쿠지는 항상 외국인 관광객들로 붐벼 사진을 찍으려면 줄을 서야 한다.

아시카가 요시미쓰는 중국 명나라와의 무역을 통해 얻은 막대한 자금을 바탕으로 1399년경 사리전(舍利殿)인 긴카쿠를 지었다. 긴카쿠는 목조 3층 건물로, 자세히 보면 2층과 3층에만 금박이 붙어 있고 1층에는 금박이 붙어 있지 않다. 그리고 1층과 2층 사이에는 지붕이 없다. 1층에 금박을 붙이지 않은 이유는 정확하게 알 수 없으나 연못 수면에 금색이 더 잘 비치도록 하기 위한 것이 아니었을까 하는 설이 있다. 건물 꼭대기에 있는 봉황상도 금빛으로 빛난다. 아시카가 요시미쓰는 연못과 금빛 누각이 잘 어우러지게 하여 극락정토(極樂淨土)를 지상에 구현하려 했다.

초여름의 긴카쿠 주변은 온통 푸르다. 녹색과 금색의 조화도 나쁘지 않다.

지금의 화려한 긴카쿠는 사실 오래된 건물이 아니다. 1950년 7월 이 절에서 견습 생활을 하던 스물한 살의 젊은 승려가 불을 질러 모두 타버린 것을 두 차례에 걸쳐 복원한 것이다. 이 승려가 방화한 동기는 병약하고 말을 더듬으며 어머니의 과도한 기대를 받는 등 개인적인 이유와 함께 긴카쿠지가 관광객의 입장료로 운영되어 승려보다 사무직이 더 기승을 부리는 것에 환멸을 느꼈기 때문이란다. 이는 사실 메이지明治유신(維新) 이후 일어난 폐불훼석(廢佛毀釋)과 관련이 있다. 폐불훼석이란 메이지 정부가 신도와 불교를 분리하는 정책을 펴면서 사회적으로 불교를 배척하고 절과 불상을 훼손하는 운동이 일어난 것을 말한다. 불교가 누리던 특권이 없어지고 절 재산의 상당 부분을 빼앗기면서 사찰들은 경제적 어려움에 직면했다. 이에 1894년 긴카쿠지 주지는 정원과 긴카쿠를 일반에 공개하고 입장료를 징수하여 절의 수입을 확보했다. 즉 긴카쿠지는 생존을 위한 고육지책으로 당시로선 선도적인 방법을 도입했으나 이것이 결과적으로 방화를 불러온 것이다.

관광객들이 눈여겨보지 않는 곳으로, 긴카쿠 입구의 말 주차장이다. 과거에 말을 타고 온 사람들이 말을 묶어 두는 곳으로, 그 구조가 단순하면서도 고상하다. 지금은 벤치가 있고, 그 옆 표지판에 '이 벤치는 선생님들의 체크포인트용입니다'라고 적어 놓아 교사들이 견학 온 학생들을 점검하는 장소임을 알 수 있다.

불을 지른 승려는 절의 뒷산에서 할복자살을 시도했지만 실패하고, 6년 뒤 감옥에서 병사했다고 한다. 그에게 기대가 컸던 어머니는 참고인 조사를 위해 교토에 불려 왔다가 돌아가는 기차에서 계곡으로 투신자살했다. 방화 사건을 가장 먼저 달려와 취재한 기자가 산케이産經신문 교토지국의 후쿠다 테이이치福田定一였다. 이 사람은 나중에 일본을 대표하는 작가가 되는데, 그 필명이 바로 시바 료타로司馬遼太郎다. 전소된 긴카쿠는 1952년부터 삼 년에 걸쳐 복원, 재건됐으나 다시 십여 년이 지나면서 금박이 떨어져 나가기 시작했다. 그래서 1986년부터 1987년까지 다시 전면적인 복원 공사를 했고, 이때 순금 20킬로그램을 들여 금박을 새로 입혔다. 이때 입힌 금박은 일반적인 금박의 다섯 배 두께였으며, 그래서인지 사십여 년이 지난 지금까지도 눈부시게 빛나고 있다.

쪼그리고 앉아 이끼를 돌본다

긴카쿠지(은각사)

또 다른 긴카쿠지銀閣寺(은각사)도 이야기해 보자. 사실 일본어로 금각사(金閣寺)는 킨카쿠지きんかくじ(영문 표기는 Kinkakuji), 은각사(銀閣寺)는 긴카쿠지ぎんかくじ(영문 표기는 Ginkakuji)여서 맨 앞 글자의 발음이 다르다. 그러나 한국의 국립국어원이 정한 일본어 표기법에 따르면, 'き'가 맨 앞에 나올 때, '키'가 아니라 '기'로 적으므로, 금각사와 은각사는 발음을 한글로 표기하면 똑같아 구별이 어렵다. 그래서 여기부터는 혼란을 피하여 그냥 금각사와 은각사로 부르겠다.

금각사는 교토 북서쪽, 은각사는 교토 동쪽에 있다. 그래서 금각사가 있는 지역을 기타야마北山, 은각사가 있는 지역을 히가시야마東山라고 부른다. 은각사 역시 지쇼지慈照寺라는 본이름이 있지만, 사람들은 대부분 은각사라 부른다. 은각사는 금각사를 만든 아시카가 요시미쓰의 손자인 무로마치 막부의 8대 쇼군 아시카가 요시마사足利義政가 1482년부터 만들기 시작했다. 할아버지와 손자가 모두 절을 만든 이유는 은퇴한 뒤 이곳에 거주하며 불교에 귀의하기 위해서였다. 실제로 아시카가 요시마사는 1483년부터 은각사에 살았다.

한국인은 물론 일본인들도 이름 때문에 은각사에 가면 은을 칠한 건물을 볼 수 있으리라 기대하지만, 은각사에는 은을 입힌 건물이 없다. 금각사의 사리전인 금각에 해당하는 건물이 은각사의 관음전(觀音殿)인 은각(銀閣)인데, 이 건물 외부는 흑칠(黑漆), 즉 검게 옻칠했

금각사와 비교해서 보면 은각사는 수수한 느낌이다.

다. 은각은 금각과 마찬가지로 연못을 끼고 서 있으며, 이 연못의 이름은 긴쿄치錦鏡池다. 은각은 금각과 달리 2층이다. 손자가 만든 은각사는 할아버지가 지은 금각사를 모방한 것으로 생각되지만, 아담하고 훨씬 차분한 느낌이다.

관음전에 은을 입히지 않은 이유에 대해서는 설이 분분하다. 애초에는 이름 그대로 은을 입힐 예정이었으나 막부의 재정 사정이 좋지 않아 실행하지 못했다는 설이 있고, 은박을 입히기 전에 아시카가 요시마사가 죽었기 때문이라는 설, 외벽의 흑칠이 해가 비치면 오히려 은색으로 빛나는 것처럼 보인다는 설 등이 있다. 본래 은을 발랐으나 없어졌다는 설도 있었는데, 2007년 정밀 조사를 통해 처음부터 전혀 은을 입힌 적이 없다는 사실이 밝혀졌다. 마지막 설은 관음전 앞에 흰 모래로 만든 고게쓰다이向月台라는 작은 산과 흰 모래를 깐 긴샤단銀沙灘이라는 정원이 있는데, 밤에 달빛이 여기에 반사되어 비추면 관음전이 은색으로 빛난다는 것이다. 그러나 고게쓰다이와 긴샤단은 아시카가 요시마사 때가 아닌 후대에 조성한 것이라 한다. 즉 은각사에 은이 입혀지지 않은 이유는 여전히 수수께끼로 남아 있다. 한편, 고

고게쓰다이는 높이 180센티미터의 원추 모양을 한 흰 모래 무더기다. 형태를 유지하기 위해 매일 손질한다고 한다.

긴샤단은 흰 모래를 60센티미터 높이로 쌓은 뒤, 물결 모양으로 갈퀴질해 만들었다. 흰 모래는 '시라카와스나白川砂'라 부르는 교토 특산으로, 교토의 정원을 만드는 데 이 모래가 중요한 역할을 한다. 시라카와스나는 빛 반사율이 뛰어나다고 한다.

은각과 고게쓰다이, 긴샤단의 상대적 위치를 보여 준다. 긴샤단의 규모가 상당히 크다는 사실도 알 수 있다. 모래가 주변을 정말 환하게 만든다.

게쓰다이와 긴샤단으로 인해 은각사는 달의 이미지, 황금 누각으로 인해 금각사는 태양의 이미지가 생겼다. 따라서 은각사는 야간에 구경해야만 제멋을 느낄 수 있을 것 같으나, 나는 그런 기회를 얻지 못했다.

은각사는 교토대학에서 멀지 않은 곳에 있어 자주 방문했다. 내가 은각사에서 가장 인상 깊었던 것은 정문을 들어서면 중문까지 이어지는 약 50미터의 직선 길 양옆으로 조성된 높은 울타리, 긴카쿠지가키銀閣寺垣다. 이 담은 한쪽은 아래부터 위쪽으로 돌담, 대나무 울타리, 동백나무 생울타리 순의 세 단으로 이루어져 있고, 다른 한쪽은 돌담, 치자나무 생울타리, 동백나무 생울타리로 된 세 단으로 이루어져 있다. 나무를 직선으로 반듯하게 잘라 높이가 7미터가 넘는 옹벽처럼 만들었다. 이 생울타리 길은 절 바깥의 세속적인 공간에서 안쪽의 신성한 공간으로 진입하는 통로 역할을 충실하게 수행한다. 이 길을

사람을 압도하는 은각사의 생울타리는 세속에서
성역으로 넘어가는 통과의례 역할을 하는 공간이다.

은각사의 이끼 정원.

정원을 관리하는 사람이 작은 비를 이용해 낙엽 등을 조심스럽게 제거하고 있다. 이끼 정원은 정성스럽고 세심한 손길로 유지된다.

전망대에 올라서면 은각사와 함께 교토 동남부 지역, 그리고 교토 서부를 둘러싼 산 능선이 한눈에 들어온다.

걸으면 절 안쪽이 전혀 보이지 않아 길이 끝나면 무엇이 나타날지 하는 기대감이 생기면서도, 한편으로 절 구경에 들뜬 마음이 조금 차분해진다. 그러나 이러한 기분을 느끼려면 관광객이 적은 겨울철 아침에 가야 한다. 다른 계절과 시간에는 은각사가 관광객으로 넘쳐나기 때문이다. 동백꽃이 피고 지는 늦겨울부터 초봄까지는 떨어진 붉은 동백 꽃송이가 흰 모래가 깔린 길을 수놓아 정말 아름답다.

　은각사의 또 다른 매력으로는 전망대를 오르내리는 산책로 주변에 조성된 이끼 정원을 꼽고 싶다. 크고 작은 나무가 자라는 경사지가 모두 진한 초록색 이끼로 덮여 있다. 마치 푸른 융단을 깔아 놓은 것처럼 보이는 이끼와 그 중간중간에 노출된 회색 돌과 갈색 나무뿌리가 무척이나 잘 어울리고 박력이 있다. 이끼는 사계절 내내 푸르러 싱그러운 느낌을 준다. 이 때문에 일본 정원에서는 이끼를 중요한 구성 요소로 활용한다. 이끼는 보통 그늘진 곳에서만 자라는 것으로 알지만, 양지에서 자라는 종류도 있다. 일본에서는 백여 종이 넘는 이끼를 활용하여 정원을 꾸민다. 자세히 보면 이끼들의 모양과 색이 조금씩 다르고, 키도 제각각이다.

　이끼는 다른 식물에 비해 가꾸는 데 손이 많이 간다. 수시로 물을 줘야 하고 풀과 낙엽을 세심하게 제거해야 한다. 그래서 은각사를 비롯한 이끼 정원에 가면 바닥에 쪼그리고 앉아 이끼를 돌보는 사람을 늘 볼 수 있다. 이끼 정원은 이들의 정성 어린 노력의 산물이다.

2

오래된 도시의
기능성과 예술성

대문 옆에는
나무로 만든 낡은 우유통이
달려 있다. 대체 얼마나
오래된 건지.

거리의 관찰자

교토의 2월은 날씨가 몹시 쌀쌀하다. 기온은 서울보다 10도 가까이 높지만 바람이 세고 습도가 높아 기분 나쁘게 춥다. 이곳 사람들은 분지 지형으로 인해 지면부터 차가운 교토의 추위를 '소코비에底冷え'라고 부르는데, 뼛속까지 시린 추위라는 표현이다. 특히 비까지 내리면 말 그대로 을씨년스럽다. 날씨나 분위기가 몹시 스산하고 쓸쓸한 데가 있다는 뜻인 '을씨년스럽다'라는 말의 유래가 일본과 관련된 사실을 생각하면 교토에서 혼자 생활하는 내가 이 말을 떠올리게 된 건 자연스러운 일인지도 모르겠다. '을씨년스럽다'는 '을사년(乙巳年)스럽다'라는 말에서 왔고, 1905년 을사년에 을사늑약으로 사실상 나라를 일본에 빼앗긴 뒤의 사회 분위기에서 유래한 단어라고 한다.

아무튼 2016년 2월 29일 오후 두 시의 교토 사쿄左京구(区)의 주택가는 을씨년스러웠고, 날씨 탓인지 인적이 없었다. 거리의 관찰자인 나로서는 인적이 드물면 더 좋다. 다른 사람의 시선을 의식하지 않고 이곳저곳을 두리번거리면서 자세히 들여다보고 또 사진을 찍을 수도 있기 때문이다. 교토의 골목길을 걷다 보면 가정집 대문과 그 주위에서 재미있는 것들을 많이 발견한다. 식물이나 장식품을 이용해 아기자기하게 꾸며놓은 집들이 많고, 아주 오래된 것들도 없애거나 버리지 않고 그대로 놓아둔 집이 수두룩하다. 족히 사오십 년은 되어 보이는 우유 배달통, 각종 표식 등이 조금 지저분해 보일 때도 있지만 나에겐 무척 흥미로운 구경거리였다.

냉장고에 마그네틱 장식물을 붙이듯이 대문 주변에 화분과 우산 따위를 달아 놓았다. 자전거도 건물에 밀착시켜 두었다.

대문 앞에 소화기와 소화용 물통이 놓여 있어 가까이 가 보았더니 '방재부(防災部) 부장'이라는 푯말이 붙어 있다. 마을에서 재난 예방 임무를 수행하는 집이다.

대문과 창문에 넝쿨식물을 키우고 있다. 특히 길에서 보이는 창을 넝쿨식물로 가렸다. 대문 위에 달린 것은 짚으로 만든 일종의 부적이다.

대문 옆에 달린 우유 배달통에 '메이지우유'라고 적혀 있다. 대체 얼마나 된 건지. 족히 수십 년은 되어 보인다.

대문 위에 '교토시 수도국', 가스 회사에서 붙인 표식들과 연도별 '사회복지협회 찬조회원증', '가옥조사 필증', '견과세(犬課稅) 감찰', '1957년 제1회 주사(注射) 필증' 등 알 수 없는 표시들이 있다. 표식들은 금속으로 만들었고, 못으로 단단히 고정해 놓았다. 과거에는 관공서에서 이러한 표식을 붙여 이 집에서 어떠한 행정 절차를 수행했는지 확인할 수 있도록 한 것 같다. 예전에 일본에서는 키우는 개에 세금을 부과한 적이 있다고 하는데, '견과세 감찰'이 이와 관련된 표식으로 보인다.

대문 근처에서 눈에 익은 친숙한 석물(石物)을 만날 때도 있었다. 버스를 타고 자주 지나다니던 히가시야마東山는 교토의 부촌이다. 엄청나게 큰 저택이 줄지어 있는데, 이 저택 중 한 집의 문 양옆에 망주석(望柱石)이 서 있었다. 그 모양이나 조각으로 보아 한국에서 가져온 것이 틀림없어 보였다. 망주석은 묘소를 꾸미기 위해 묘 앞의 양옆에 하나씩 세우는 돌기둥이다. 멀리서 보아도 그곳이 무덤임을 알 수 있도록 세운 일종의 표지다. 한국 어디서 누구의 무덤을 지키다가 먼 이국까지 건너왔는지 그 사연도 항상 궁금했지만, 일본인 집주인이 망주석의 원래 용도가 무엇인지 알고 대문 앞에 세워두었는지가 더 궁금했다.

교토 북쪽의 한적한 주택가를 지나가다가 집 입구에 혼자 외롭게 서 있는 문인석(文人石)을 만난 적도 있다. 일본에는 문인석을 세우는 풍습이 없으므로 이 역시 한국에서 건너온 것이 분명했다. 언제 고향을 떠나 낯선 나라까지 왔는지 처연하게 보였다. 사실 교토의 절이나 민가에는 우리나라에서 가져온 석등도 많다고 하나, 고미술에 문외한인 내 눈으로는 어느 것이 한국 석등인지 구분하기 어려워 제대로 찾지 못했다. 이국에서 고국의 흔적을 만나는 것이 반갑긴 하지만, 그 연유를 알면 별로 유쾌하지 못할 것 같다.

무덤을 지켜야 할 망주석이 문을 지키고 서 있다.

집 한편에 서 있는 문인석. 왠지 서글퍼 보인다.

대문의 기초로 깐 돌들이 예사롭지 않다

관리가 편리한 아파트를 선호하는 한국과 달리, 일본인이 가장 좋아하는 주거 형태는 마당이 있는 2층 단독주택이다. 그래서 일본에는 한국과 같은 대규모 아파트 단지가 많지 않으며, 특히 교토 시내에서는 아파트 단지를 찾아보기 어렵고, 고층 아파트가 아예 없다. 고층 건물이 즐비한 도쿄나 오사카와 같은 대도시와 대비되는 모습이다. 그 이유는 교토시가 옛 도시의 모습을 보존하기 위해 1930년부터 전국에서 가장 엄격한 경관정책(景觀政策)을 펴왔기 때문이다. 2007년에 도입한 '신경관정책(新景觀政策)'은 시 전역에서 건축물의 최고 높이를 31미터로 제한했다. 따라서 교토시에는 10층 이상의 건물이 거의 없다. 여기에 더해 교토시는 구역의 성격에 따라 10, 12, 15, 20, 25미터 등 단계적으로 고도를 제한하고 있다. 옛날 모습이 많이 남아 있는 곳일수록 건물을 더 낮게 지어야 한다.

    주택의 겉모습 가운데 가장 먼저 눈에 띄는 것은 대문이다. 대문은 집의 얼굴이라 할 수 있다. 다음에 나오는 사진들은 교토 동남쪽에 있는 도후쿠지東福寺 주변 집들의 대문이다. 이 동네 대문들은 나무로 만든 문이 대부분이고, 격자를 이용해 집 안이 훤히 보이는 문도 많다. 문 앞에는 바닥에 돌을 깔고 주위에는 나무를 심어 장식한 집들이 다수다. 그런데도 다 전혀 다르게 생겼다. 집집마다 개성 있게 꾸민 대문들을 관찰해 보면 일본인들이 대문을 장식하는 데 얼마나 많은 신경을 쓰는지 짐작할 수 있다.

이 집은 문이 세 개다. 대문 오른쪽에 평상시 주로 출입하는 문이 있고, 왼쪽에는 차고 문이 있다.

대문의 기초로 깐 돌들이 예사롭지 않다. 대문 왼쪽 담에는 계량기가 설치되어 있다.

대문에 무척 공을 들였다. 차도와 인도가 구분되어 있고, 단정하게 깎은 생울타리가 콘크리트와 금속 위주의 대문에 생기를 준다.

일본 전통 주택에 어울리도록 대문과 담에 기와를 올렸으며, 왼쪽의 바위가 강한 인상을 풍긴다.

육중한 기와지붕을 얹고 있어도 나무 기둥과 콘크리트 벽이 간결해 보이는 대문이다.

현대적인 대문이면서도 한쪽에는 수석, 한쪽에는 나무를 배치하여 멋스럽다.

뒤쪽에 보이는 집과 색깔을 통일했으며, 문 가운데 작은 창문을 만들어 심심하지 않다.
대문 양쪽에는 사계절 푸른 잎이 나는 싱싱한 나무를 심었다.

교토의 주택 대문을 구성하는 요소 중에 내 눈을 사로잡은 것은 문패였다. 한국에서는 보기 힘들어진 것 중 하나가 문패다. 우리는 개인정보가 노출되는 것을 꺼려서인지 도시에서 대문에 문패를 단 집을 찾기 어려워졌지만, 교토는 대부분 대문에 문패가 달려 있다. 일본도 개인정보에는 굉장히 민감하지만, 문패는 아직 크게 신경을 쓰지 않는 것 같다. 문패에는 성과 이름을 다 쓰기도 하지만, 대체로 성만 적는다. 문패의 디자인과 재료가 다양해 지나다니며 이걸 구경하는 것도 즐거웠다. 내가 살던 동네의 문패들을 사진을 찍어 남겨 뒀다.

타일로 꾸민 문패와 그 밑에 우편함이 설치되어 있다.

동양과 서양의 조화가 돋보이는 문패다.

나무로 만든 소박한 문패지만 비가림막을 쓰고 있다.

주인이 미키마우스를 좋아하나 보다.

반가운 한국인 문패를
교토에서 발견했다.

외등, 문패, 인터폰이 차례로 달려 있다.

문패가 아니라 이름을 벽에 새겨 넣었다.
절대 이사 가지 않을 모양이다.

옛 골목 입구의 문패에는 골목 안에 사는 사람들의 성이 모두 쓰여 있는데, 이것도 문패라 해야 할지 모르겠다.

도시형 전통 주택, 마치야

교토 시내에는 오래된 건물들이 유달리 많이 남아 있다. 그중에서도 교토의 특징이라고 한다면 옛날 상인들이 상점과 살림집을 겸해 살던 도시형 주택인 마치야町屋가 많이 남아 있다는 것이다. 대문을 들어가 부지 안쪽에 건물이 자리 잡는 농가와 다르게 마치야는 길에 면하여 비슷한 형태의 집들이 늘어서 있다. 교토시에서는 현행 건축 기준법이 시행된 1950년 이전에 지은 오래된 목조 주택을 하나로 묶어 '교마치야京町家'라고 부르고 있다. 교토시의 조사에 의하면, 이 가운데 에도시대(1603~1868)에 지은 것은 2퍼센트 남짓이고, 나머지 대부분은 메이지시대(1868~1912)에 지어졌다.

교토에 오래된 마치야가 많은 이유로는 제2차 세계대전 때 다른 대도시에 비해 미군의 공습을 적게 받았다는 점을 먼저 꼽는다. 여기에 더해 교토시가 옛 도시의 모습을 보존하기 위해 1930년부터 전국에서 가장 엄격한 경관정책을 펴온 것도 중요하게 작용했을 것이다. 특히 강력한 고도 제한 정책을 유지해 왔기 때문에 다른 도시에 비해 상대적으로 대규모 빌딩이 적게 건축된 점도 마치야가 유지되는 데 한몫했다. 그리고 이러한 보존 위주의 정책을 오랫동안 유지할 수 있었던 데에는 교토 시민의 정치적 성향도 적지 않은 영향을 미쳤을 것으로 보인다. 교토는 일본에서 전통적으로 사회주의 색채가 가장 강한 지역이다. 이러한 시민들의 정치색 때문에 교토는 공산당 소속 국회의원이나 시의원을 가장 많이 배출해 왔다. 만약 대규모 자본을 바

마치야가 늘어선 기온 신바시新橋의 모습이다.

탕으로 한 개발과 발전을 선호하는 자민당(自民黨)이 교토에서 득세했다면, 자본가의 이익을 창출하기 위해 여러 가지 규제를 풀고 무분별한 도시 개발을 진행했을지도 모른다.

다른 도시에 비해 교토에 마치야가 많이 잔존한 것은 사실이나, 1950년대 이후 많이 사라진 것 또한 사실이다. 마치야가 없어진 이유는 다양하지만, 일단 마치야가 현재의 건축 기준법에 맞지 않기 때문이다. 지금 남아 있는 마치야는 부적격 건물이긴 하나 존재는 인정된다. 하지만 마치야를 새로 짓는 것은 불가능하다. 재료와 구조 등이 현행 법률에 맞지 않아서다. 또한 마치야에 사는 사람들이 대부분 노인이라는 점도 보존을 어렵게 하는 이유다. 아무래도 젊은이들은 생활에 불편한 노후화된 마치야를 기피하므로, 노인이 사망하면 빈집이 되는 경우가 많다.

그렇지만 교토시는 마치야를 중요한 관광자원으로 간주하여 보존과 활용을 적극적으로 도모하고, 빈집 이용 희망자를 모집하는 등 다양한 대책을 내놓고 있다. 2017년에는 「교토시 교마치야의 보전 및 계승에 관한 조례」를 제정했다. 이러한 대책이 효과를 발휘한 탓인지 최근에는 마치야에 관한 수요가 늘고 있다. 마치야에 살거나 가게를 열고 싶다는 사람들이 증가하고 있고, 특히 마치야에 머물고 싶어 하는 외국인들이 많아졌다. 그래서 마치야의 매매를 중개하는 업체가 생기고, 마치야를 셰어하우스나 가게, 숙박시설 따위로 개수하는 사례도 증가하고 있다. 서울 북촌과 서촌 한옥의 가치가 재인식되어 외국인을 위한 게스트하우스 등 다양한 용도로 활용되고 가격도 급상승한 현상과 비슷한 일이 교토에서도 벌어진 것이다.

 교토의 마치야를 구경할 때 알아 두면 좋을 것들이 몇 가지 있다. 이곳 마치야의 특성은 직주(職住)의 일치, 즉 일터와 주거를 겸한다는 것이다. 그러나 지금은 상인들이 주거 환경이 좋은 외곽으로 이주했기 때문에 주거 기능은 상실하고 상점으로만 이용되는 마치야가 대부분이다. 그리고 과거의 전통적인 업종이 아닌 완전히 새로운 업종의 가게가 입주한 사례가 많다. 이 경우 내부는 완전히 개조했으나, 외부는 과거의 모습을 그대로 유지하여 주변의 전통적인 거리 분위기를 해치지 않도록 한 마치야가 적지 않다.

 또 다른 특성은 '장어의 침상(鰻の寝床)'이라고 불리는 건물의 형태다. 마치야를 길쭉하게 생긴 장어의 침상이라고 부르는 이유는 도로에 면한 정면보다 안쪽으로 뻗은 측면이 매우 길기 때문이다. 즉 긴 막대 모양의 건물이다. 측면의 길이가 정면의 네다섯 배에 달하기도 하여 실제로 들어가 보면 공간의 여유로움에 놀란다. 이렇게 정면이 좁은 이유는 에도시대에 정면의 폭을 기준으로 세금을 부과했기 때문이다. 일부러 정면은 화려하지 않게 꾸미고 되도록 눈에 띄지 않게 했다고 한다. 건물 정면의 폭으로 세금을 내는 사례는 유럽에서도 흔히

마치야는 건물의 정면보다 측면의 길이가 훨씬 길다.
세금을 적게 내려는 노력(?)이 돋보인다.

마치야 중간에 마당이 있고, 뒤쪽으로 다시 건물이 이어진다.
측면의 길이가 정면 길이의 네 배 이상 되어 보인다.

찾아볼 수 있다. 영국에서는 창문의 개수를 세금의 기준으로 삼았다.

교토의 마치야는 세상 모든 전통 가옥이 그러하듯이 지역 풍토에 맞게 만들어졌으며, 특히 지독한 여름 더위에 적응할 수 있도록 고안됐다. 길에 면한 문을 열면 긴 복도가 건물 끝까지 똑바로 이어져 양방향으로 통풍이 된다. 집이 깊어 볕이 안 드는 점도 여름 더위를 피하는 데 도움이 되며, 집 안쪽에 작은 마당을 만들어 바람이 통하도록 했다. 그리고 6월이 되면 더위에 대비해 집안의 설비를 바꾼다. 종이를 바른 칸막이 문인 후스마襖를 걷어 내고 발을 설치한다.

마치야의 내부를 살펴보면, 흙바닥으로 된 긴 복도인 도오리니와通り庭가 현관부터 건물 뒤쪽까지 집을 관통하면서 집안 곳곳을 연결한다. 이 공간에는 교토 사람들이 오쿠도상おくどさん이라고 부르는 화덕을 포함한 취사 시설이 설치되어 있으며, 천정에는 취사한 연기와 열기가 빠져나가는 천창이 있다. 오쿠도상은 감사와 친근함을 담은 이름이다. 이 화덕은 회반죽이나 벽돌로 만든다. 도로에 면한 방인 미세노마店の間는 영업장으로 사용하며, 안쪽에는 가족들이 생활하는 방인 오쿠노마奥の間가 있다. 가장 안쪽에는 작은 정원을 만들어 놓은 경우가 많다. 정원은 이웃집과 벽을 맞댄 어둡고 답답한 마치야에 빛과 바람을 끌어들이는 역할을 하며, 특히 한여름 이곳에 물을 뿌리면 시원한 바람이 집 안으로 들어온다.

시가지 중심부에도 마치야가 많이 남아 있다. 번화가인 산조三条의 마치야는 명품 매장으로 활용되기도 한다.

산조 거리에 있는 유명한 초콜릿 가게다. 앞쪽에 마당이 있어 전형적인 마치야 건물은 아니다. 왼쪽에 보이는 오래된 양말 가게가 전형적인 마치야다.

고급 식당 및 여관으로 사용되는 마치야다.

카페로 이용되는 마치야도 많다.

큰 야자수가 드리운 이 카페도 마치야다.

나라시奈良市에서는 편의점으로 이용하는 마치야도 보았다.

마치야의 언어

마치야에 관해 좀 더 깊이 파 보자. 마치야는 규모와 형태에 따라 몇 가지 유형으로 구분한다. 먼저 가장 오래된 형태로 히라야平屋라는 단층 마치야가 있는데 교토에는 많지 않다. 히라야가 횡으로 길게 이어진 것을 나가야長屋라고 한다. 교토 마치야의 대표 선수로는 에도시대부터 메이지시대에 걸쳐 주로 건축된 쓰시니카이厨子二階를 꼽는다. 주니카이中二階라고도 부르는 쓰시니카이는 길에 면한 미세노마 바로 위에 있는 2층 방 천장이 낮은 게 특징이다. 좁은 부지에 단층 건물을 짓다 보니 공간이 부족하여 2층을 만들었으나, 높이 규제 때문에 2층을 낮게 만든 것으로 추정된다. 과거에는 이 낮은 2층 방이 주로 창고나 고용인의 숙소로 사용됐다.

쓰시니카이의 또 다른 특징은 2층에 난 무시코마도虫籠窓라는 창이다. 무시코마도는 그 모양이 벌레를 키우는 대바구니(虫籠)와 비슷하다고 붙여진 이름이다. 회반죽으로 만든 흙벽에 좁고 긴 세로 구멍을 낸 무시코마도는 본래 화재를 막기 위해 고안된 것이었다. 나무보다 흙벽이 화재에 강하기 때문이다. 여기에 채광과 통풍의 용도도 더해졌다. 일설에는 2층에 사는 서민이 아래로 지나가는 사무라이들을 내려다볼 수 없게 만든 것이라고도 하며, 또 힘든 일에 시달리는 고용인들이 도망가지 못하도록 만든 것이라는 말도 있다.

메이지시대 후기가 되면 쓰시니카이가 온전한 2층 건물인 소니카이総二階로 발전한다. 소니카이는 1층과 2층의 높이가 거의 같고, 창

쓰시니카이는 2층이 낮은 게 특징이다. 2층에 난 창 무시코마도가 보인다.

문도 나무틀에 유리를 넣은 창이 일반적이다. 소니카이는 현재 남아 있는 교토 마치야 중 가장 높은 비중을 차지한다. 에도 막부의 건축 규제가 풀린 메이지시대 이후에 생긴 3층 건물인 산카이다테三階建도 있으나, 교토에는 거의 남아 있지 않다. 이 밖에도 가게가 딸려 있지 않은 주거 전용 시모타야仕舞屋, 시모타야가 발전한 형태로 부유한 상인이나 의사가 지은 저택인 다이베이즈쿠리大塀造가 있다. 다이베이즈쿠리는 길에 면해 담을 세우고 부지 안쪽에 집을 지어 건물이 도로에 면해 있지 않은 게 특징이다.

마치야의 외관을 보고 많은 사람이 그 용도를 궁금해하는 것이 있는데, 바로 이누야라이犬矢來다. 이누야라이는 건물 바깥 아랫부분에 대나무를 아치 모양으로 구부려 외벽을 둘러놓은 것이다. 이름의 의미대로라면 개가 외벽에 방뇨하는 걸 막기 위한 것이나, 본래는 지나가는 수레나 말이 튀긴 진흙이 벽에 묻지 않도록 설치한 것이다. 건물과 도로와의 경계선 역할을 하기도 한다. 대나무가 휘어진 곡선의

1층과 2층의 높이가 같은 소니카이. 발을 쳐서 잘 안 보이지만 2층은 여닫을 수 있는 유리창이 나 있다.

주거 전용 마치야인 시모타야.

다이베이즈쿠리 형태의 치과다. 규모가 큰 다이베이즈쿠리는 의사들이 집과 병원을 겸해 지은 경우가 많다.

외과 병원으로 사용하는 마치야. 크지는 않지만, 나무 대문과 간판이 깔끔하면서도 권위 있어 보인다. 하지만 막상 환자의 입장이라면 이런 병원을 선뜻 찾을지 모르겠다. 들어가 보지 않아서 뭐라 말하기 어렵지만.

면포상(綿布商)을 하던 상인이 1926년에 지은 다이베이즈쿠리로, 교토시 유형문화재로 지정됐다. 마치야와 서양식 건물이 결합된 독특한 건축물이다.

이누야라이는 길에 면한 외벽에 설치된다.

모양이 마치 아름다운 선율을 연주하는 악기같이 보인다. 교토에서는 18세기 무렵 이누야라이가 등장했으며, 마치야 외관의 아름다움을 구성하는 데 중요한 역할을 담당한다. 요즘은 대나무 대신 쇠로 이누야라이를 만들기도 한다.

    교토 마치야의 외관에서 가장 중요한 것은 고시格子(격자)라고 할 수 있다. 고시는 각재(角材)를 바둑판처럼 가로세로 일정한 간격으로 직각이 되게 짠 것으로, 마치야 정면의 창이나 벽을 장식한다. 고시를 설치하는 이유는 보안과 방범 때문이지만, 고시의 디자인이 집과 거리의 인상을 형성하는 심미적인 기능도 지닌다. 고시의 형태는 직종에 따라 특징이 있으며, 기능성과 예술성을 모두 갖추고 있다. 예를 들어 실이나 직물, 옷 가게 등은 채광이 중요하므로 고시의 윗부분을 잘라 빛이 가게로 잘 들어올 수 있게 고안했고, 술이나 쌀을 취급하는 가게는 무거운 쌀가마나 술통이 부딪쳐도 파손되지 않도록 튼튼하게

새로 설치한 이누야라이는
색이 선명하다.

건물과 도로 간격에 따라 이누야라이의
경사가 조금씩 다르다.

이누야라이와 마찬가지로 길과 부지의 경계 역할을 하고 진흙이
튀는 것을 방지하는 고마요세駒寄せ다. 대나무로 만든 이누야라이와
달리 나무로 만들었으며, 말을 묶는 데 사용했다고도 한다.

고시를 만들었다. 숯이나 땔감을 파는 가게는 탄가루가 인근으로 날리지 않게 고시의 간격을 좁게 디자인했다. 익숙하지 않은 이방인의 눈에는 다 비슷비슷해 보일 수 있지만, 업종이나 집주인의 취향에 따라 각기 다른 고시의 디자인을 살펴보는 것은 교토 마치야 구경거리 가운데 하나다.

    마치야는 대부분 1층 바깥쪽에 고시가 설치되어 있고, 2층 창은 발로 가려져 있다. 교토에서는 가정집과 상점을 가리지 않고 창문에 발을 치는 것이 일반적이다. 한국에서는 여름에만 발을 사용하나, 교토에서는 일 년 열두 달 발을 친다. 발은 햇볕을 가리고 통풍을 좋게 하는 기능도 있으나, 이보다 중요한 프라이버시를 보호하는 기능을 한다. 집들이 붙어 있고, 또 길과 바로 마주하고 있어 발이 없다면 집 안이 훤히 들여다보일 수 있다. 교토뿐만 아니라 일본의 집들을 보면 발을 잘 사용하지 않는 현대식 주택에서도 하루 종일 커튼을 치고 사는 집이 많다. 내가 주택가를 지나다니며 혹시 빈집이 아닐까 생각한 집들도 안에 사람이 있었다. 너무 어둡고 답답하지 않을까 하는 걱정을 했으나, 사람들은 그보다 프라이버시를 더 중요하게 생각하는 것 같다.

    일부 마치야에서는 처마 밑 벽에 나무로 만든 접이식 걸상이 달린 걸 발견할 수 있다. 이것을 밧타리쇼기バッタリ床几 또는 아게미세揚げみせ라고 한다. 난 이것을 처음 보고 지나가는 사람들이 앉아 쉴 수 있게 만든 의자라고 생각했으나 그게 아니었다. 본래는 상품을 진열하고 판매하는 선반으로, 필요에 따라 올리기도 하고 내리기도 하면서 사용한다. 나중에는 점차 용도가 다양해져 특히 더운 여름날 저녁에는 바람을 쐬는 장소로 사용되고, 동네 노인들이 모여 바둑이나 장기를 두는 곳으로도 이용됐다.

    교토 사람들은 마치야가 자연과 함께 사계절의 변화를 느낄 수

가정집에도 고시가 있는데, 그 간격이 매우 넓다.

2층 에어컨 실외기가 고시로 가려져 있다.

밧타리쇼기는 이렇게 사용하지 않을 때는 접어 둔다.

있는 집이라고 자랑한다. 나무, 종이, 흙 따위의 자연 소재로 만든 마치야에서는 빗소리와 바람 소리, 벌레의 울음소리를 듣고, 비가 오거나 바람 불 때 나는 내음, 나무와 꽃의 향기, 흙냄새를 맡으며, 따뜻함과 서늘함, 햇볕과 어둠, 그늘 등을 경험할 수 있다.

끝으로 간반켄치쿠看板建築(간판건축)라는 흥미로운 마치야도 있다. 간판건축은 안은 전통적인 마치야인데, 길에 면한 겉모습만 서양식으로 개조한 건물을 말한다. 교토에 간판건축이 처음 등장한 것은 1920년대이며, 1950년대 고도성장기를 거치며 많이 늘었다. 도로의 확장, 공공용지로의 수용 등으로 부지의 여유가 없어진 큰 길가의 마치야가 2~3층의 겉이 평평한 서양식 건물로 바뀌는데, 그 평평한 입면이 마치 간판과 같다고 하여 간판건축이라 부른다. 서양 건축을 정식으로 배운 건축가가 설계하거나 만든 게 아니므로, 안쪽은 목조 마치야가 그대로 남아 있고, 겉만 벽돌, 타일, 몰타르 등을 사용해 서양

75

간판건축을 보여 주는 약국이다. 정면은 마치야로 보이지 않으나, 뒤쪽은 전형적인 마치야다.

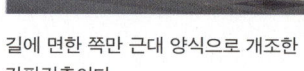

길에 면한 쪽만 근대 양식으로 개조한 간판건축이다.

시치조七条에 있는 이 건물은 교토의 간판건축 가운데 가장 유명하며, 등록문화재로 지정됐다.

마치야의 오른쪽 부분은 외벽에 타일을 붙여 개조했다.

교토 특산의 유명한 과자 가게로, 가게의 전통을 보여 주기 위해 뒤에 현대식 건물을 지으면서 앞쪽만 옛 마치야를 남긴 것 같다.

흉내를 낸 게 대부분이다. 이러한 재료를 많이 사용한 이유는 가장 걱정되는 화재 피해를 줄일 수 있다고 생각했기 때문이다.

    지금 보면 조잡하고 생뚱맞은 건물이 많지만, 당시 일본인들이 생각한 서양의 이미지가 시각적으로 표현된 것이고, 새로운 시대를 맞이한 거리의 활기를 보여주는 기념물이기도 하다. 오래된 건물에 유별나게 관심이 많은 나에게 간판건축은 좋은 구경감이었다. 최근에는 간판건축도 많이 사라지고 있어 문화재로 지정된 것도 있다.

도시와 골목길

시가지의 건물과 건물 사이 좁은 길을 로지路地라고 한다. 로지는 고지 小路라고도 불리며, 기본적으로 보행자의 통로 구실을 하지만, 인근에 사는 사람들의 생활 공간이기도 하다. 이곳은 사람들이 빨래를 말리기도 하고, 동네 주민의 사교장이 되기도 한다. 오래된 도시 교토에는 재미있고 특색 있는 로지가 많다.

건물과 건물 사이의 로지 입구다. 길의 입구라기보다는 출입문처럼 보인다. 입구 위에는 문패처럼 로지 안에 사는 사람들의 성이 적혀 있다.

로지는 교토의 직교형 도시 구조와 관련이 있다. 794년 수도가 된 교토는 중국의 도시를 본떠 도로가 동서남북으로 통하는 바둑판 모양의 시가지를 조성했다. 1336년부터 무로마치시대(1336~1573)가 열리고, 상업이 본격적으로 발달하면서 정면이 길에 면한 건물들이 증가했다. 그러던 중 1467년부터 시작된 오닌應仁의 난(亂)이 1477년까지 계속되면서 교토 시가지는 폐허로 변했다. 오닌의 난은 쇼군의 후계자 문제를 둘러싼 지방의 슈고다이묘守護大名 간 내전으로, 교토를 전장으로 싸움이 벌어지면서 이 도시에 엄청난 피해를 가져왔다. 오닌의 난이 끝나고 교토가 다시 부흥하는 과정에서 길에 면해 건물이 들어서는 경향은 더욱 강해졌고, 길 양쪽으로 늘어선 집들을 모아 하나의 조町를 만든 료가와초兩側町가 형성됐다.

이같이 길을 향해 정면을 둔 집이 들어서면서 가로와 세로의 길이가 각각 120미터인 교토 시가지의 기본 구획은 길을 따라 가장자리에 건물이 지어지고 가운데 부분은 공터로 남았다. 그리고 이 공터로 들어가기 위한 작은 길이 만들어졌는데 이것이 로지다. 이후 인구가 점차 증가하면서 로지를 따라 구획 안쪽으로도 집들이 들어서게 됐다.

여기에 더해 1590년 전국을 통일한 도요토미 히데요시豊臣秀吉는 교토 개조에 착수했다. 남북으로 새로운 길을 많이 건설하면서 남북과 동서가 모두 120미터인 기본 구획이 남북 120미터, 동서 60미터의 구획으로 바뀐 지역이 많았다. 이런 지역에서는 새로 생긴 남북의 길을 동서로 이어주기 위해 로지가 생겨났다. 그리고 도요토미 히데요시는 귀족과 무사의 주택지를 정비하고 시내 곳곳에 흩어져 있는 사찰을 한데 모으는 정책도 단행했다. 사찰을 한곳에 모아 생겨난 거리가 현재 교토 번화가인 데라마치寺町다. 넓은 부지를 차지하던 사찰이 없어진 빈터에는 작은 집들이 건설됐고, 이를 연결하기 위한 로지가 많이 만들어졌다. 그 이후에도 상공업이 계속 발전하자 노동자들을 위해 많은 주택이 필요했고, 구획 안쪽이 작은 주택으로 채워지면서 이를 이어주는 로지도 더 많아졌다. 간단하게 말하면, 좁은 골목길인 로지의 증가는 상공업 발달과 인구 증가의 산물이며, 교토 도시의 발전사다.

교토 사람들은 로지를 다시 로지와 즈시辻子로 구분하기도 한다. 좁은 의미의 로지는 막다른 골목길이며, 즈시는 구획을 관통하여 다른 길과 연결되는 골목길이다. 그래서 좁은 의미의 로지는 로지 내 주민들만 주로 이용하는 사적인 길이며, 길 입구에 주민들의 문패가 걸린 출입문이 있는 경우도 많다. 이러한 로지는 주민들의 생활 공간으로 아이들이 안심하고 놀 수 있는 곳이며, 간단한 작업이나 가사가 이루어지는 공간이다. 따라서 골목 안쪽이 궁금하더라도 외부인은 들어가지 말아야 한다.

교토에는 즈시가 백이십여 곳, 로지가 육천여 곳이 있다. 특히 무로마치시대에 귀족과 사무라이가 주로 살던 교토고쇼 주변에 즈시가 많다. 오닌의 난과 화재 등으로 이들 지역이 쇠퇴했지만, 그 후 교토로 이주한 서민들이 주거지를 형성하면서 즈시가 많이 만들어진 것이다. 교토의 즈시 가운데는 이름이 붙은 것도 있는데, 즈시의 이름은 즈시가 형성되기 전에 거기 있던 절의 이름이나 저택의 소유자 이름에서 유래한 것이 많다.

예를 들어, 교토의 가장 번화가인 시조四条역(駅) 인근의 고야쿠즈시青薬辻子는 시조도오리四条通 중간쯤에서 꺾어져 아야노코지도오리綾小路通로 이어지는 골목길로, 유명한 승려인 구야空也 대사가 이곳에 세운 도량의 이름에서 즈시 이름이 유래했다. 이 골목길은 교통량이 많은 큰 도로에 인접해 있지만, 즈시에 접어들면 차량의 소음이 아득하게 멀어지며 주위가 조용해진다. 길바닥은 시멘트 블록으로 말끔하게 정비되어 있고, 휴지나 담배꽁초는 물론, 껌 자국 하나 보이지 않는다. 골목 양옆으로는 2층 주택이 이어져 있다. 주택들은 오래된 것과 새로 지은 집이 섞여 있으나, 모두 전통적인 마치야와 유사한 양식으로 지어 통일된 느낌을 준다. 집들이 다닥다닥 붙어 있고 골목이 좁아서 주민들이 가장 염려하는 건 역시 화재다. 그래서 골목 곳곳에는 소화용(消火用)이라고 적힌 빨간 플라스틱 물통이 놓여 있다. 그러나 물통이 너무 작아 불을 끄는 데는 별로 도움이 되지 않아 보인다. 화재에 대한 경각심을 주기 위한 전시용이라고 나 혼자 생각해 봤다.

고야쿠즈시의 집들은 집 앞에 화단을 만들거나 화분을 내놓은 경우가 많다. 그렇지만 길을 침범하여 화분이나 살림살이를 내놓은 집은 하나도 없다. 문 앞에 주차한 오토바이나 자전거도 길로 튀어나오지 않도록 자신의 부지 안에 얌전하게 세워 놓았다. 사람들의 통행에 불편을 주지 않으려는 동네 주민들의 마음이 느껴졌다. 이것은 다른 사람에게 폐를 끼치는 걸 싫어하는 일본인의 마음가짐에서 비롯된 바가 크지만, 주민끼리 서로 경계하고 지켜보는 일본 마을의 관례나 규

고야쿠즈시는 말끔하게 청소되어 있다. 집 외부에는 고시를 설치했으며, 에어컨 실외기도 고시로 가렸다.

통행에 방해가 되는 물건은 없으며, 소화용 빨간 물통이 보인다.

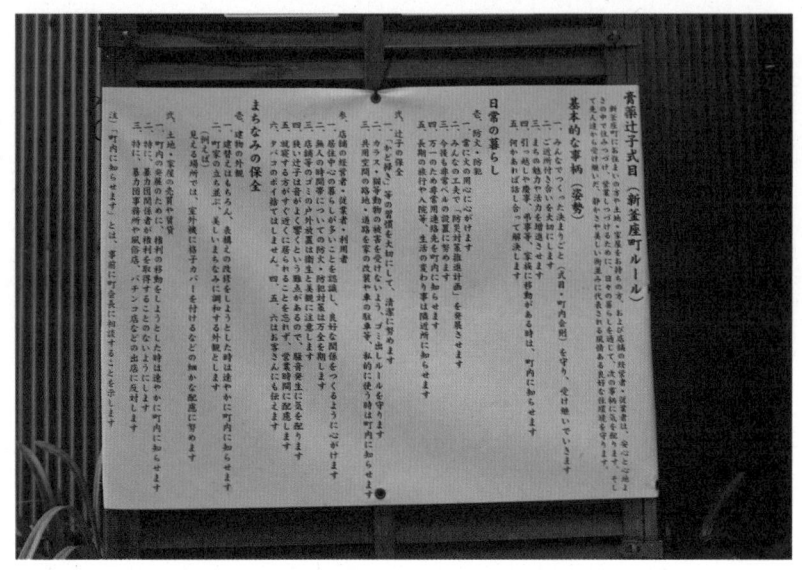

고야쿠즈시 시키모쿠를 적은 표지판이다.

칙의 영향도 적지 않다.

고야쿠즈지를 구경하고 나오는 길에 한 벽에서 '고야쿠즈시 시키모쿠式目'라는 제목의 표지판을 발견했다. 시키모쿠는 법규나 규칙을 조목별로 적은 것이다. 고야쿠즈지는 신카만자초新釜座町라는 하나의 조町여서, 아래에는 '신카만자초 룰'이라는 부제가 적혀 있었다. 그 내용을 살펴보면, 이 규칙은 신카만자초에 살거나 토지, 주택을 가진 자 그리고 점포의 경영자와 종사자가 지켜야 하며, 선조에게 물려받은 조용하고 아름다운 거리와 양호한 주거환경을 유지하기 위한 것이라고 한다.

구체적인 내용은 기본 자세, 일상생활, 거리 보전 등으로 구성되며, 기본 자세로는 함께 만들고 결정한 시키모쿠와 지역 공동체 조직인 조나이카이町內会의 규칙을 준수하고, 이웃과의 사교를 중요시하며, 거리의 매력과 활력을 증진하고, 이사, 경조사 등을 조나이카이에

고다이지 쪽에 있는 이시베코지 입구다. 이시베코지라고 적힌 등이 걸려 있다.

알리며, 무슨 일이 있으면 서로 대화하여 해결하는 것을 꼽았다. 일상생활에서는 방화와 방범을 위해 지켜야 할 사항, 즈시의 보전을 위한 사항, 점포 경영자와 종사자는 물론 이용자가 준수할 사항 등을 상세하게 정해 놓았다. 특히 즈시 보전을 위해서는 청소와 쓰레기 처리, 공용 공간의 사적 이용 시 유의 사항 등을 규정했다. 점포 운영과 관련해서는 역시 쓰레기 처리와 소음 문제 따위를 강조했다. 그리고 거리 보전에 관한 규정으로는 건물 수리나 개조 등을 할 때 조나이카이에 미리 통보하도록 했으며, 특히 건물 외관을 거리의 모습과 조화를 이룰 수 있도록 해야 한다며 그 사례로 에어컨 실외기의 격자 커버 설치를 들고 있다. 이처럼 고야쿠즈지의 관리와 보존은 주민 개개인의 노력뿐 아니라 마을 공동체 특히 조나이카이에 의해 이루어지고 있다. 일본에서 마을 조직은 아직 농촌은 물론 대도시인 교토에서도 상당한 역할을 하고 있다.

이시베코지를 따라 음식점과 여관 등이 자리한다.

돌바닥과 나무 담장이 묘한 조화를 이루며, 골목은 꺾어지며 이어진다.

이시베코지에서 만난 대문이 정갈하다.

교토에는 멋진 골목길이 정말 많다. 한 곳을 꼽는다면, 이시베코지石塀小路를 추천하고 싶다. 교토 동쪽의 고다이지高台寺 아래쪽에 있고, 유명 관광지인 야사카진자八坂神社와 니넨자카二寧坂에서도 멀지 않은 이시베코지는 바닥에 넓적한 돌을 깐 골목길이 이어지고, 길을 따라 오래된 음식점, 요정, 여관이 늘어서 있다. 그러나 붐비거나 시끄럽지 않아 한적하게 산책하기에 좋은 장소다.

골목을 찾기가 쉽지 않은데, 입구에 있는 이시베코지라고 적힌 외등을 놓치지 않으면 된다. 골목에 접어들면 돌바닥과 돌담, 고색창연한 목조 가옥들이 과거로 돌아가 시간여행을 하는 듯한 감각에 빠지게 만든다. 이 골목의 점포들은 메이지시대 말기에 들어섰으며, 바닥의 포장석 가운데 일부는 시내를 다니던 교토 전차가 폐선되면서 전찻길 바닥에 깔았던 돌들을 옮겨온 것이라 한다. 골목길은 중간에 꺾어져 마치 막다른 골목처럼 보이지만, 계속 이어져 기온 쪽으로 나간다. 이시베코지는 낮에도 좋지만, 밤이 더욱 근사하다. 어둠이 깔리면 요정과 여관의 외등이 켜지고, 그 은은한 불빛이 돌바닥과 나무로 된 담장을 비추어 정감 넘치는 분위기를 만든다.

가게의 얼굴, 노렌

일본의 상점이나 음식점은 입구에 천으로 만든 발을 쳐 놓는다. 이 발을 노렌暖簾이라 한다. 노렌은 가게 이름이나 상표, 상징 문양 등을 천에 새겨 출입문이나 창문에 걸어 놓은 것으로, 옛날에는 가게에 직접 바람과 빛이 들어오는 걸 막거나 외부 시선을 차단하는 걸 목적으로 했으나, 점차 가게의 신용이나 격식의 상징이 됐다. 대개 여러 개의 천 윗부분을 꿰매고, 아랫부분은 그대로 늘어뜨리는 형태이며, 맨 위에는 고리 모양 천을 붙여 여기에 대나무 장대를 넣어 출입구에 건다. 과거에는 포장마차나 음식점에서 손님이 식사를 마치고 나갈 때, 식사하면서 음식을 집어 더러워진 손을 노렌으로 닦는 일도 있어서 더러운 노렌이 장사가 잘되는 가게의 상징이기도 했다.

노렌은 종류가 다양하다. 우선 직사광선으로부터 상품을 보호할 필요가 있는 가게에서는 긴 노렌을 달고, 우동 집이나 스시 집과 같이 상품이나 음식을 만드는 모습을 손님에게 보이고 싶은 가게는 길이가 짧은 노렌을 단다.

오랫동안 노렌을 사용하다 보니 일본어에는 노렌이 들어간 관용 표현도 적지 않다. 폐업하는 것을 '노렌을 내린다', '노렌을 접는다'라고 하며, 가게에 일하던 종업원에게 같은 이름의 가게를 내도록 허락하는 것을 '노렌 나누기'라고 표현한다.

노렌은 계절에 따라 재료의 종류와 색을 바꾸어, 보는 사람이 계절감을 느끼게도 한다. 겨울에는 찬 바람을 막는 두꺼운 천을 쓰거나,

여름에는 대나무나 갈대로 엮은 것을 사용하는 식이다. 교토에서는 오래된 가게는 물론, 현대적인 가게에도 개성 있는 노렌을 단다. 가게 문을 닫으면 대개 노렌을 떼기 때문에 노렌이 걸려 있는 것은 '영업 중'이라는 표시이기도 하다. 목욕탕이나 온천에서는 대개 '유湯'라고 적힌 노렌을 달며, 노렌을 이용해 남탕과 여탕을 표시하므로 노렌을 제대로 확인하지 않고 들어가면 낭패를 볼 수도 있다. 남탕과 여탕이 고정되어 있지 않고, 매일 또는 매주 서로 바꾸는 온천도 적지 않기 때문이다. 교토에 있는 동안 거리를 걷다가 멋진 노렌을 만나면 사진을 찍는 게 취미가 됐다. 교토 상점들이 걸어 놓은 노렌은 교토 사람들 특유의 디자인 감성을 엿볼 수 있는 좋은 소재다.

어느 여관의 노렌. 천 윗부분은 꿰매고,
아랫부분은 그대로 늘어뜨리는 일반적인 형태의 노렌이다.

가죽 제품 수리점의
노렌은 가죽으로
만들었다.

장기를 두는 기원 입구에도
노렌이 달려 있다.

출입문뿐 아니라 창문에도
노렌을 걸었다.
가게 내부가 잘 보이도록 한
짧은 노렌이다.

출입문에는 노렌를 걸고, 그 옆에는 가게를 상징하는 문양을
노렌과 유사한 형태로 만들어 건 음식점이다.

커피숍의 노렌이다. 여름에는 이렇게 시원한 느낌을
주는 천을 많이 사용한다.

노렌을 가장 많이 사용하는 곳은 역시 음식점이다.

우지차 가게의 노렌이다.

쓰케모노漬物(절임 음식)를 파는 집의 노렌이다. 매장 밖으로 짧은 노렌을 빙 둘러 걸었다.

쓰케모노를 파는 집이다.

가방을 파는 가게의 노렌이다.

지물포의 노렌이다.

전통 문양이 있는 천을 박음질하여 글씨를 넣은 찻집의 노렌이다.

세 개로 나누어져 있는 이것도 노렌의 일종이다.

온천 입구의 노렌이다. 왼쪽은 남탕, 오른쪽은 여탕이라고 표시되어 있다.

작은 것이라도 함부로 없애지 않는다

교토에서 길을 걷다 보면 곳곳에 서 있는 돌기둥을 만난다. 돌기둥은 특히 사거리나 도로 분기점에 많으며, 대부분 화강암으로 만들어졌다. 돌기둥에는 위치한 곳의 길 이름과 주위의 지명 그리고 그곳까지의 거리 등이 새겨져 이것이 이정표나 도로 표지판임을 짐작할 수 있다. 일본에서는 이를 도효道標 또는 미치시루베道標라고 한다. 돌기둥에는 세운 시기도 적혀 있는데, 아주 오래된 것도 있지만 메이지시대, 즉 19세기 말부터 20세기 초에 세워진 게 많다.

이런 돌로 만든 도효가 교토에 유난히 많이 남아 있는 현상은 어떻게 해석해야 할까? 우선 그만큼 길이나 건축물의 변화가 적었다는 사실과 관련이 있을 것이다. 달리 말하면 교토는 다른 도시와 비교해 현대화나 발전이 더뎠다는 의미다. 또 다른 이유는 많은 도효가 필요할 만큼 교토의 도시 구조와 도로 체계가 사람들에게 혼동을 주었다는 점도 있을 것이다. 앞서도 설명했듯이 천이백여 년 전에 만들어진 교토는 중국의 수도를 모방한 계획도시였으며, 그 가장 중요한 특징이 바둑판 모양으로 도시를 구획하여 직교형 도로망을 만들었다는 것이다. 직교형 도로망은 편리한 점이 많으나, 길이 모두 비슷하여 헷갈리기 쉽고, 특히 익숙하지 않은 사람은 길을 찾기 어렵다. 수도였던 교토는 예로부터 외지인의 방문이 잦았고, 근대 이후에는 줄곧 많은 관광객이 찾는 도시다. 따라서 도효를 많이 세워서 길 안내를 돕는 것이 자연스러운 현상이었을 것이다. 도효 중에 명소를 안내하는 것이

료안지龍安寺 인근 주택가에 서 있는 도효다. 료안지와 인근에 있는 사찰과 천황릉의 방향, 거리를 안내하고 있다.

이 도효에는 동서남북 방향별로 주요 목적지와 거리가 적혀 있다.

길 이름이 적혀 있는 이 도효는 크기가 사람 키만 하다.

'교토시도로원표(京都市道路元標)'라 적힌 이 작은 비석은 교토에서 가장 중요한 도로 표지석이다. 이곳이 교토시 도로의 기준이 되는 지점이며, 각종 도로 표지판에 적힌 거리는 이곳을 기준으로 계산한다.

많다는 점이 이러한 추측을 뒷받침한다.

 한 가지 이유를 더 추가하면, 작은 것이라도 함부로 없애지 않는 일본인들의 특성도 작용했을 것이다. 다른 이야기지만, 신라장적(新羅帳籍) 또는 신라촌락문서(新羅村落文書)라는 신라시대 서원경(西原京), 즉 지금의 청주 부근 마을의 인구 및 경제 상황을 담은 중요한 고문서가 1933년 나라奈良의 도다이지東大寺 쇼소인正倉院에서 발견됐다. 쇼소인은 일본 황실이 도다이지에 기증한 보물의 수장고로, 이 문서가 발견된 경위가 흥미롭다. 1933년 이곳에 보관되어 있던 불경을 수리하던 중에 불경을 감싸고 있던 포장지에 글씨가 쓰여 있어 이를 판독한 결과, 신라의 촌락 현황을 기록한 민정 문서임이 밝혀진 것이다. 일본은 삼국시대 이래 한반도에서 많은 불경을 수입해 갔는데, 이 과

니넨자카 주변에 서 있는 이 도효는 인근의 유명 관광지인 고다이지, 기요미즈데라清水寺, 마루야마円山공원 등의 방향을 안내한다.

우지시宇治市에 있는 이 도효에는 '라인(line, 일본식 표기는 ライン)'이라는 영어 단어가 포함되어 있다.

앞면에는 길 이름이 적혀 있고, 뒷면에는 '다이쇼大正 13년', 즉 1924년이라는 건립 연도와 건립에 기부한 사람들의 이름이 기재된 도효다.

정에서 신라인들이 불경을 보호하기 위해 아마도 시기가 지나서 쓸모가 없어진 문서 종이를 포장재로 사용한 것으로 보인다. 놀라운 것은 일본인들이 포장지 하나도 그냥 버리지 않고 계속 보관했다는 점이다. 이 신라장적은 발견 당시에 사진 촬영만 하고 다시 불경의 포장재로 수장고에 넣어 보존하고 있어 현재는 볼 수 없다.

　이같이 오래된 것을 잘 없애지 않는 일본인의 특성 때문에 일본은 한국보다 문화재가 잘 보존되는 것 같다. 개발이나 발전이라는 명목으로 깨끗하게 갈아엎는 한국과는 많은 차이가 있다. 그렇다고 일본이 무조건 좋고, 한국이 나쁘다는 건 아니다. 매사에 신중하게 접근하고 따져 보는 일본과 신속하고 과감하게 일을 처리하는 한국은 장단점이 있다. 적절한 사례가 될지는 모르겠으나 내가 일본에서 들은 이야기인데, 대학에서 음료수 자동판매기를 설치하는 데에 6개월 이상이 걸렸다는 것이다. 우선 건물 안에 자동판매기 설치가 필요한지를 검토하는 데 시간이 걸렸고, 그다음에는 어느 곳에 설치할지를 결정하는 데 또 한참이 걸렸다. 그리고 어떤 종류의 자동판매기를 설치할지 논의하는 데도 시간이 걸렸다. 작동 시에 소음이 발생하는 자판기는 강의실 근처에 두면 안 된다는 사람 등 의견이 분분했기 때문이다. 이런 모든 내용을 토의하고 결정하기 위해 교수 회의를 열기도 했단다. 아마 한국에서는 일주일이면 자동판매기 설치가 끝났을 것이다. 일본 사회는 이렇게 의사결정에 많은 시간이 소요되므로 어떤 경우에는 때를 놓치기도 한다. 대신 돌다리도 두드려 보고 건너기 때문에 실수나 실패를 줄일 수 있다.

발견! 이케즈이시

교토의 길에는 무심히 지나치면 모르고 넘어갈 수 있는 돌들이 있다. 눈썰미가 좋은 사람이나 나같이 엉뚱한 호기심이 많은 사람이면 이상하게 여길 수도 있는 돌이다. 이 돌들은 주로 좁은 골목이나 길모퉁이에 있는 집 가장자리에 자리 잡고 있다. 크기는 조금씩 다르지만, 높이는 대개 30~50센티미터 정도이며, 자연석을 그대로 가져다 놓은 것이 대부분이다. 나는 처음에 이 돌들을 보고 사람들의 통행에 방해가 될 수도 있는 것을 왜 만들어 놓았는지 의아하게 생각했다. 돌이 딱 사람의 무릎 정도 높이어서 특히 밤에는 잘못하면 부딪힐 수도 있겠다는 생각이 들었다.

이 돌들은 이케즈이시いけず石라고 한다. 이케즈いけず는 교토 사투리로 '심술궂음'이라는 뜻이라고 한다. 또 이케즈가 '더 이상 앞으로 갈 수 없다'라는 뜻이라는 설도 있다. 왜냐하면 이 돌들은 차량 진입으로 주택의 담장이나 외벽이 손상되는 걸 방지하기 위해 설치했기 때문이다. 이케즈이시는 다른 지방에서도 종종 발견되지만, 교토에는 수천 개 이상이 있다고 하며, 우마차와 수레가 왕래하던 옛날부터 사유지 침입을 방지하기 위해 방어용 돌을 현관 앞이나 사거리 등지에 설치했다고 한다. 메이지시대 이후 차량 통행이 증가하면서 많이 늘어난 이케즈이시는 교토 도로의 특성과 깊은 관련이 있다. 즉 직교형 도로망으로 인해 굽은 길과 사거리가 많고, 도로가 오래전에 만들어져 매우 비좁아 차가 골목에서 회전하다가 집 담장에 부딪히기 십상

집 현관 앞에 유적 표지석과 이케즈이시가 같이 있다.

골목길 모퉁이에 자판기와 함께 이케즈이시가 놓여 있다.

교토에 가장 오래된 유흥가인 시마바라島原의 '스미야角屋'라는 요정의 담 모서리에도 이케즈이시가 여러 개 있다.

이기 때문이다.

이렇게 차량에 의한 가옥 접촉 사고를 막기 위해 설치된 이케즈이시는 사고로 인한 분쟁을 사전에 회피하려는 교토 사람들의 의도를 보여 준다는 설명도 있다. 교토 사람들은 대립이나 분쟁을 되도록 피하려는 기질이 있다. 그래서 말할 때도 직설적인 표현을 피하고 애매하게 돌려서 의사를 전달한다. 그래서 이케즈이시는 교토 사람들의 성격을 잘 보여주는 상징물이라고도 하며, '심술궂은' 돌이 아니라 다툼을 예방하는 '친절한' 돌이라고 불러야 한다는 주장도 있다.

다른 지역 사람들은 돌을 놓는 대신 담장에 경고문을 붙이거나, 사고가 나면 경찰을 불러 해결하면 되지 않느냐고 주장한다. 그러나 교토 사람들의 생각은 다른 것 같다. 담장에 경고문을 붙이거나 경찰을 부르는 것은 자신이 별나고 호들갑을 떠는 사람이라고 주변에 광고하는 꼴이라고 여긴다고 한다. 아무튼 교토 사람들은 일본인 중에서도 유난히 주위의 눈치를 살피며 남에게 폐를 끼치거나 남과 다투면 안 된다는 의식이 강한 것 같다. 한마디로 무척 피곤하게 산다.

이케즈이시는 자신이 소유한 토지나 사도(私道)에 설치하면 문제가 없으나, 공도(公道)에 설치하면 도로교통법 위반이다. 또한 사람이나 차량의 통행을 막으면 이 역시 형법상 '왕래방해죄'에 해당한다고 한다. 그렇지만 길을 걷다 보면 왕래에 방해가 되는 이케즈이시도 눈에 띈다. 실제로 이케즈이시로 인한 분쟁도 종종 발생하는 것 같다. 이케즈이시로 자신의 차량이 파손됐는데 집주인에게 피해 보상을 요구할 수 있는지 변호사에게 질문한 글을 인터넷에서 본 적이 있다. 우리 같은 이방인들은 일단 교토 시내에서 운전대를 잡지 않는 게 상책이다. 이케즈이시가 아니더라도 다 비슷해 보이는 미로 같은 좁은 골목길로 인해 낭패를 보기 쉽다. 아무튼 어두운 밤거리를 걸을 때는 한눈팔지 말고 무릎 아래쪽을 잘 살피며 가야 한다.

조용하고 정갈한 마을에서

샤케초

'고도(古都) 교토의 문화재'라는 이름으로 묶여 1994년에 세계문화유산이 된 교토의 열여덟 개 문화재 가운데 신사는 모두 세 곳이다. 우지의 우지가미진자宇治上神社와 교토 시내의 가미가모진자上賀茂神社와 시모가모진자下鴨神社가 그것이다. 가미가모진자와 시모가모진자는 모두 7세기경에 이 일대를 지배했던 가모賀茂씨(氏)의 씨신(氏神)을 모신 신사로, 가모씨는 나라시대(710~794)에 이미 강대한 세력을 과시했고, 교토 천도 이후에는 왕성을 수호하는 역할을 맡아 교토라는 도시의 형성에 깊게 관련됐다. 이 두 신사에서 매년 5월 15일에 열리는 아오이마쓰리葵祭는 기온마쓰리祈園祭, 지다이마쓰리時代祭와 함께 교토의 3대 마쓰리다.

교토 북쪽의 가모가와賀茂川 강변에 있는 가미가모진자는 교토에서 가장 오랜 역사를 지닌 신사다. 이 신사의 동남쪽에는 무로마치시대부터 형성된 샤케초社家町가 남아 있다. 샤케초는 신을 모시고 신사를 관리하는 신쇼쿠神職가 모여 사는 마을이다. 일종의 직업이라 할 수 있는 신쇼쿠는 세습하는 경우가 많으며, 대대로 신쇼쿠로 일하는 집안을 샤케社家라고 한다. 에도시대에는 백사십 채 정도의 샤케가 있었으나, 지금은 이십여 채가 남아 있다. 그래도 이렇게 많은 샤케가 남아 있는 마을은 이곳이 유일하단다.

차분한 분위기를 지닌 이 마을은 가미가모진자에서 흘러나온 묘

샤케초는 묘진가와를 따라 신쇼쿠의 집들이 늘어서 있다.

샤케초의 집들은 묘진가와의 물을 집으로 끌어들이는 수구와 집에서 사용한 물을 묘진가와로 배출하는 수구, 이렇게 물구멍이 두 개씩 담장에 설치되어 있다. 사진 속 집은 돌담으로 이루어진 담장이 시작되는 부분에 입수구가 있고, 돌담의 끝나는 부분에 가면 배수구가 있다. 돌담과 그 위에 만든 높은 생울타리가 집 안쪽을 완전하게 차폐한다.

진가와明神川란 이름의 작은 하천을 따라 집들이 늘어서 있다. 집들은 묘진가와의 물을 집 안으로 들여 정원에 연못을 만들거나 생활용수 그리고 종교의식을 치르기 전에 몸을 깨끗하게 씻는 등의 용도로 사용해 왔다. 하천의 물을 깨끗하게 관리하기 위해 정원을 한 바퀴 돈 물만 다시 하천으로 돌려보내고, 세탁 등에 사용한 더러운 물은 '스이쿠치水口'라 부르는 하수 처리 전용 우물로 흘려 버린다. 그래서 하천에 면한 담장에는 집으로 물이 들어오는 입구와 나가는 출구가 있다. 이 마을을 통과한 묘진가와의 물은 다시 농업용수로 사용되어 지역의 논밭을 윤택하게 만든다.

이 마을의 집들은 안으로 들어가기 위해 물을 건너야 하므로 집마다 돌다리가 있으며, 흙담, 높이가 낮은 안채가 어우러져 독특한 경관을 자아낸다. 집의 높이가 낮은 것은 신사 입구에 세우는 도리이鳥居보다 높으면 안 되기 때문이다. 그래서 교토시는 이 마을을 '가미가모 전통적 건조물 보존지구'로 지정하여 그 경관을 지키고 있다. 가미가모진자는 항상 참배객으로 붐비지만, 이 동네는 의외로 모르고 지나치는 사람이 많아서 항상 조용하고 정갈하므로 산책하기 좋다.

집 안에는 하천에서 끌어온 물로 연못을 만들었다.

돌로 둘러싸인 웅덩이는 하천에서 끌어온 물을 이용하여 신쇼쿠가 종교의식을 하기 전에 몸을 씻는 곳이다.

샤케초의 집들은 하천을 건너서 들어가므로 각 집에 다리가 있다.
이 집은 멋진 돌다리가 놓여 있다.

이 집의 다리는 더 멋지다. 중간에 나무를 심었고, 등도 설치했다.

이 다리는 자연스럽게 자란 풀이 난간 역할을 한다.

고즈넉하고 정갈한 마을 분위기가 산책하기에 좋다.
마을 끝에는 신령스러운 녹나무 고목이 있고,
나무 아래 후지키진자藤木神社라는 작은 신사가 있다.

3

정원에 관한
아주 일반적인,
약간의 개인적인 설명

입구에는 커다란 고목이
지키고 있었고, 나같이
걱정이 많은 사람들이 일찍
와서 나무 주위를 서성이고
있었다.

관음의 지혜를 얻을 때까지

지센 정원

일본인들의 정원 사랑은 남다르다. 고대부터 정원을 만들어 이를 구경하고 즐기는 문화가 내려오고 있으며, 지금도 집집마다 개성 넘치는 정원을 가꾼다. 정원을 만드는 사람도 정원사라고 하지 않고 '작정가(作庭家)'라고 높여 부른다.

　문헌에 등장하는 일본 정원의 기원은 612년 왕궁의 남쪽에 수미산(須彌山)과 오교(吳橋)를 만들었다는 기록이다. 수미산은 불교의 이상세계를 산으로 표현한 것이며, 오교는 무지개 모양의 다리다. 『일본서기(日本書紀)』에 의하면 이 수미산과 오교를 궁궐에 만든 사람은 백제에서 온 노자공(路子工)이다. 일본에서는 그를 '미치노코타쿠미路子工'라고 부르는데, 일본에 건너왔을 때 온몸에 흰 반점이 있어 사람들이 징그럽게 여겨서 섬에 가두었으나, 나중에 정원사로 이름을 떨치게 됐다고 한다. 어떤 책에서는 노자공이 지금의 이란에서 중국, 백제를 거쳐 일본에 온 페르시아인이란 주장을 한다. 한반도와 관련된 것은 애써 감추려는 시도 가운데 하나가 아닌가 생각된다. 그렇지만 백제를 비롯한 한반도에서 건너간 기술자들이 일본의 초기 정원 역사를 주도한 사실은 일본인들도 부정하기 어렵다.

　이렇게 한반도에서 건너간 도래인에 의해 궁궐에서 시작된 일본의 정원 문화는 시간이 흐를수록 사찰, 신사, 귀족의 가옥 등으로 퍼져 나갔으며, 저명한 정원에는 '명원(名園)'이란 이름이 부여됐다. 일본의 명원 가운데 반 이상이 교토에 있다고 할 정도로 교토에는 아름답고 독특한 정원이 많다. 나도 교토에 있는 동안 유명하다는 정원은 대부분 구경했다.

아쉽게 못 가본 곳은 교토 서쪽의 산기슭에 있는 세계문화유산 사이호지西芳寺의 정원이다. 이 정원은 일본 최고의 작정가로 꼽히는 무소 소세키夢窓疎石(1275~1351)의 작품이며, 긴카쿠지銀閣寺를 비롯한 후대의 사찰 정원의 모델이 됐다. 선승(禪僧)인 무소 소세키는 자신의 마음을 깨끗하게 닦기 위해 정원을 만든다고 기록해 놓았다. 사이호지는 별명이 고케데라苔寺, 즉 '이끼 절'일 정도로 이끼 정원으로 이름나 있다. 무려 백이십여 종의 이끼가 자란다고 한다. 이 이끼 정원은 무소 소세키가 만든 것은 아니며, 에도시대에 여러 차례 홍수와 범람을 겪으며 자연적으로 이끼가 무성해졌다. 특히 장마철에 이끼가 푸르름을 더해 일본 사람들은 이 정원에는 사계가 아닌 '오계(五季)'가 있다고 자랑한다.

내가 사이호지에 가 보지 못한 것은 복잡한 절차 때문이다. 이 절은 1977년 이후 사전에 예약한 소수의 사람만 관람할 수 있다. 지금은 인터넷 예약이 가능해졌지만, 내가 교토에 있던 2016년에는 왕복 엽서를 통해서만 예약할 수 있었다. 그리고 예약했더라도 바로 정원을 볼 수 없다. 반드시 본당(本堂)을 참배하고, 불경을 베끼는 사경(寫經)을 해야만 정원을 관람할 수 있다. 절의 생각은 사경을 통해 마음을 가라앉혀야만 제대로 정원을 감상할 수 있다는 것이다. 과거에는 불교의 기본 경전이라 할 수 있는 이백육십여 글자의 『반야심경(般若心經)』을 베꼈으나, 한자에 익숙하지 않은 외국인의 참배가 증가하면서 2019년부터는 마흔아홉 자로 이루어진 「연명십구관음경(延命十句觀音經)」을 베끼게 한다고 한다. 물론 불경이 적힌 종이 위에 얇은 종이를 덧대고 그대로 따라 쓰는 것이지만, 불경의 의미도 잘 모르는 서양인들이 절절매며 한자를 그리는(?) 모습을 상상하면 절로 웃음이 나온다. 애플의 창업자 스티브 잡스가 몰래 사이호지를 자주 방문했다는데, 그도 직접 불경을 베껴 썼는지 궁금하다.

일본의 정원은 사전 지식이 없으면 다 비슷해 보이고, 아무리 많이 봐도 별 재미를 못 느낀다. 그래서 교토의 정원에 관한 일반적인 설명을 좀 해 보려고 한다.

교토 정원은 크게 세 가지 유형으로 나눌 수 있다. 먼저, 정원 안 연못인 지센池泉이 있는 지센 정원이다. 가장 오랜 역사를 지닌 지센 정원은 한반도에서 도입된 양식으로 보는데, 헤이안시대에는 커다란 지센을 만들어 배를 띄우고 즐기는 주유식(舟遊式) 정원이 주로 만들어졌다. 가마쿠라시대(1185~1333)가 되면 못 주위를 걸으며 감상하는 회유식(回遊式) 정원이 조성되었으며, 후대로 가면서 방에 앉아 조망하는 감상식(鑑賞式) 정원이 늘었다.

이에 따라 정원과 못의 규모는 점차 축소되는 경향을 보였으며, 못의 형태도 처음에는 사각형으로 만들다가 곡선형으로 변화했다. 사각형 연못을 만들고, 연못 안에 신선이 사는 삼신산(三神山)을 상징하는 섬을 만드는 한국의 전형적인 연못과 처음에는 유사했으나, 차츰 다양한 형태로 진화한 것이다. 지센 정원에서 못은 바다를 상징하므로, 바다 가운데 섬인 '나카지마中島'와 반도처럼 뛰어나온 '데지마出島'를 만들었다. 나카지마는 한국의 못과 마찬가지로 신선이 사는 섬을 상징하거나 학섬과 거북섬을 의미했다. 신선이 사는 섬은 불노불사(不老不死)를 기원하는 것이고, 학섬과 거북섬도 '학은 천년, 거북은 만년'이라 하여 장수를 기원하는 의미로 만들었으며, 돌을 이용해 형상화했다. 만약 못 안에 큰 돌이 서 있고 그 좌우에 날개를 상징하는 작은 돌이 배치되어 있다면 이는 학을 표현한 것이다. 거북섬은 거북의 머리와 다리를 돌로 조형하여 표현한다. 한편 데지마는 보는 이에

교토에는 배를 띄울 수 있을 정도로 커다란 연못을 가진 정원이 꽤 있다. 료안지龍安寺의 연못인 교요치鏡容池다. 교요치는 절 남쪽에 있으며, 경내 면적의 절반 정도를 차지할 정도로 넓다. 헤이안시대에 귀족들이 배를 띄우고 놀았다고 한다.

19세기 말에 조성된 무린안無鄰菴의 회유식 정원이다. 무린안은 청일전쟁, 러일전쟁에서 큰 공을 세운 군인이자 정치가 야마가타 아리토모山縣有朋(1838~1922)의 별장이다. 이 정원은 유명한 작정가 7대(代) 오가와 지헤小川治兵衛(1860~1933)가 만들었다.

다이고지醍醐寺 산보인三宝院의 감상식 정원이다. 연못이 크지 않지만 오밀조밀하게 꾸며져 있다. 이 정원은 도요토미 히데요시가 다이고지에서 벚꽃 구경을 한 뒤에 직접 설계한 것으로 알려져 있다.

센뉴지泉涌寺의 감상식 정원이다. 교토 동남쪽에 있는 센뉴지는 황실이 보시하는 사찰로, 건물이나 정원이 격조가 높다.

연못 안에 있는 섬을 나카지마라고 한다. 소나무가 있는 이 섬은
긴카쿠지金閣寺의 연못인 교코치에 있다.

마쓰노오타이샤松尾大社의 봉래(蓬萊)의 정원이다.
연못 곳곳에 서 있는 돌들은 섬을 의미한다.

덴류지天龍寺 소겐치曹源池의 데지마다. 데지마 둘레에는 돌을 배치했다.

교토고쇼 정원의 스하마다.

게 원근감과 깊이를 주는 역할을 한다. 못 주위에는 둥근 자갈을 깔아 물을 맑게 보이게 했는데 이를 스하마洲浜라고 한다. 규모가 큰 정원에서는 섬으로 건너가는 다리를 설치했다.

지센 정원에서는 물이 못으로 들어오는 부분에 돌을 이용해 폭포처럼 꾸미는 경우가 많다. 이 폭포에도 의미가 담겨 있다. 헤이안시대에는 폭포의 돌로 일본 불교에서 특히 숭상되는 부동명왕(不動明王)을 표현했으며, 14세기 무렵부터는 등용문(登龍門) 고사를 상징하는 용문폭(龍門瀑)을 만들었다. 등용문은 중국의 고사다. 황하(黃河) 상류에 용문이라는 계곡에는 삼단 폭포가 있는데, 그 밑으로 잉어들이 수없이 모여들었으나 오르지 못했으며, 만일 오르기만 하면 용이 된다는 이야기다. 잉어가 폭포를 올라가 용이 되는 것은 어려운 관문을 통과하여 출세한다는 의미이지만, 일본 사찰에서는 잉어가 목숨을 걸고 용이 되려고 노력하는 것처럼 수행승이 관음의 지혜를 얻을 때까지 노력해야 한다는 의미라고 한다. 이 용문폭은 중국 남송에서 일본으로 귀화한 승려 란케이 도류蘭溪道隆(1213~1278)가 처음 만들었다고 하며, 무소 소세키가 여러 절에 이를 보급했다. 용문폭은 폭포수가 떨어지는 것을 상징하는 수락석(水落石), 관음을 형상화한 관음석(觀音石), 잉어를 나타내는 이석(鯉石) 등으로 구성되며, 그중 이석이 가장 중요한 역할을 한다. 그러므로 연못이 있는 정원을 방문한다면 물이 들어오는 입구를 찾고 그 물이 폭포처럼 떨어지면 그 주위 돌들의 모양을 유심히 관찰해 보자. 그중에 잉어 역할을 하는 돌이 어느 것인지 꼭 찾아보길 바란다.

긴카쿠지金閣寺의 용문폭이다. 물을 맞으며 세로로 서 있는 돌이 잉어를 나타내는 이석이다.

긴카쿠지金閣寺를 본떠서 만든 긴카쿠지銀閣寺에도 용문폭이 있다.

마쓰노오타이샤의 정원에는 등용문 고사를 구체적으로 형상화한 구조물이 있다.

돌의 의미에 대해서는 해석이 분분하다
가레산스이 정원

다음 유형은 한국에서 볼 수 없는 가레산스이枯山水 정원이다. 말 그대로 물을 전혀 사용하지 않고 모래와 돌로만 산수를 표현한 마른 정원이다. 이 정원은 가마쿠라시대에 중국에서 일본으로 들어온 선종(禪宗)의 영향을 받아 시작됐고, 무로마치시대에 많이 만들어졌다. 가레산스이 정원은 흔히 선(禪)의 수행 공간에 어울리는 예술성과 정신성을 겸비했다고 평가하는데, 모래와 돌을 이용하여 자연을 추상적으로 표현했기 때문에 보는 사람에 따라 해석이 달라질 수 있다. 처음에는 주로 언덕의 사면에 만들었으나, 16세기 후반 이후에는 평탄한 지면에 만든 히라니와平庭가 대부분이다. 절에서는 호조方丈라는 건물 앞에 정원을 만들어 이곳에서 정원을 바라볼 수 있도록 했다. 그래서 이를 호조 정원이라 부르기도 한다. 호조는 선종 사찰의 중심 건물로, 본래 주지 스님이 생활하는 건물인데, 무로마치시대 중기 이후에는 여기에 불상이 안치되어 본당의 역할을 하게 됐다.

가레산스이 정원에서는 바닥에 깐 흰 모래에 매일 아침 갈퀴를 이용하여 문양을 그려 넣는다. 이것을 사몬砂紋이라 하며, 대개 바다와 강을 표현하므로 물결, 그물, 소용돌이 따위의 모양을 많이 사용한다. 정원마다 사몬이 다양하고 나름의 특징이 있어서 이를 구경하는 것도 흥미진진하다. 가레산스이 정원에서 돌은 큰 산과 바다의 섬을 표현하고, 지센 정원과 같이 학이나 거북을 형상화하는 데도 사용하지만,

가레산스이 정원 가운데 가장 유명한 료안지의 석정(石庭)이다. 돌의 의미에 대해서는 해석이 분분하다. 료안지의 석정은 담장이 중요한 요소다. 석정이 돋보이도록 치장을 최소화한 흙담이다.

난젠지南禪寺 호조 앞 가레산스이 정원이다.

난젠지 가레산스이 정원의 사문은 직선과 곡선이 섞여 있다.

역시 난젠지 가레산스이 정원이다. 사문이 원형을 이룬다.

난젠지 호조 정원으로, 가운데 나란히 있는
세 개의 돌이 삼존석이다.

사찰 정원에서 가장 흔하게 볼 수 있는 돌을 이용한 상징물은 삼존불(三尊佛)이다. 중앙에 큰 입석을 세우고, 그 양옆에 작은 입석을 배치하여 삼존불을 형상화한다. 가레산스이 정원에서는 담도 경관을 구성하는 중요한 요소다. 정원이 그림이라면 액자와 같은 역할을 하며, 그래서 나지막하게 만드는 경우가 많다.

    이제 가레산스이 정원이 왜 선종 사찰에서 특별히 발전했을까 하는 궁금증이 생긴다. 가장 설득력 있는 설명은 선의 수행은 심산유곡의 대자연 속에서 하는 것이 가장 이상적이나 부득이 시내나 실내에서 수행할 수밖에 없어 가레산스이로 대자연을 재현했다는 것이다. 같은 이유로 선종 사원의 호조에는 수묵산수화가 많이 그려져 있다. 이 밖에도 경제적 이유를 거론하는 이도 있다. 이 정원이 화려하게 장식하는 대규모 정원에 비해 조성 비용이 적게 들어서 경제적인 여유가 적었던 사찰을 중심으로 유행했다는 설명이다.

고다이지 호조 앞 가레산스이 정원의 사몬은 입체적이다.
고다이지는 도요토미 히데요시의 부인인 네네, 즉 고다이인高台院의
명복을 빌려고 건립한 절이다.

차를 마시기 전에
로지 정원

마지막 유형은 가장 늦게 발달한 로지露地 정원이다. 이 정원은 아즈치모모야마시대(1573~1603)부터 에도시대에 걸쳐 다도(茶道)가 발전하면서 만들어졌다. 로지 정원은 차를 마시는 다실에 붙어 있는 정원이라 자테이茶庭라고도 부른다. 다실은 스키야數寄屋라고도 한다. 다실은 작고 소박하게 만들며, 정원은 잡념을 떨치고 차를 즐기기 위해 조용한 풍치만 남기고 장식을 최소화하여 만든다. 로지 정원은 한정된 좁은 공간에도 만들 수 있어서 사찰은 물론, 일반 주택에도 조성했다.

로지 정원의 구성 요소로는 외부에서 로지로 들어오는 진입문인 로지몬露地門, 외로지(外露地)와 내로지(內露地)를 경계 짓는 중문(中門), 다실로 발걸음을 유도하는 징검다리처럼 만든 보도인 도비이시飛石, 불을 밝히는 석등(石燈)인 이시도로石燈籠, 다실에 들어가기 전에 손을 씻고 입을 헹구는 물그릇인 쓰쿠바이蹲踞 등이 있다. 이런 요소들을 찾아보면서 구석구석 둘러보면 정원을 보는 것이 굉장히 즐거워진다.

로지 정원에 가서 가장 먼저 만나는 건 로지몬이다. 로지몬은 나무로 작게 만들며 띠로 지붕을 이어 검박한 느낌을 준다. 이를 통과하면 도비이시가 다실까지 손님을 이끄는데, 이 돌들은 빗물이나 흙에 의해 옷과 신이 더러워지는 것을 막고 보행에도 도움을 준다. 도비이시를 직선으로 놓은 경우는 드물고, 보행자의 시선과 보폭을 고려하여 자연스럽게 걸을 수 있도록 적당하게 좌우로 리듬감을 주어 배치한다. 돌을 배치하는 형태는 물론, 돌의 재질, 모양, 색채에도 변화를 주어, 돌을 깔 때 심미적인 면도 고려했음을 알 수 있다. 나는 도비이시가 실용적인 '쓰임새'와 시각적인 '아름다움'의 조화를 추구한 일본인의 세심함을 엿볼 수 있는 좋은 소재라고 생각한다. 정원을 걸으며 도비이시를 구경하는 재미가 쏠쏠하다. 도비이시와 유사한 것으로 시키이시敷石가 있다. 여러 개의 돌을 테두리 안에 모아 만든 보행로를 말한다. 이 역시 형태와 돌의 종류, 모양이 다양하므로 눈여겨보면 흥미롭다. 이렇게 크고 작은 돌들을 깔아 만든 돌길을 노베단延段이라고도 부른다. 교토에서 여러 절과 정원을 다니며 내가 가장 기발하다고 느낀 것 가운데 하나가 바로 도비이시와 시키이시, 노베단이다.

쓰쿠바이는 정원과 건물이 만나는 툇마루 옆에 설치하기도 하지만 대개 다실 입구에 놓여 있다. 차를 마시기 전에 몸과 마음을 깨끗하게 하기 위한 공간이다. '쓰쿠바이'는 '웅크리다'라는 뜻이다. 높이가 낮아 이것을 사용할 때는 자연스럽게 웅크린 자세가 된다. 일본의 다도에서는 차를 마시기 전에 자기를 낮추는 겸손한 자세를 요구하는 것 같다. '니지리구치躙り口'라고 해서 다실 입구를 작고 좁게 만들어 몸을 숙이고 들어갈 수밖에 없게 만든 것도 같은 의도다. 절이나 정원마다 쓰쿠바이의 형태나 분위기가 달라 이것 역시 별난 구경거리다.

교토 북쪽에 있는 고에쓰지光悅寺의
다실로 들어가는 로지몬이다.
대나무로 만든 매우 간단한 구조이지만
품위가 있다.

고에쓰지의 다이쿄안大虛庵이라는
다실로 향하는 도비이시다.
크기와 모양이 다른 자연석을 배치했다.

다이쿄안으로 들어가는 로지몬과 담장이다.
대나무를 얼기설기 엮은 문과 담장은 외부인을
막는 기능보다는 경계를 표시하여 들어가는
사람의 마음가짐을 바꾸는 역할을 하는 것 같다.

고에쓰지의 또 다른 도비이시로, 사각형으로 자른 같은 재질의 돌을 사용했다.

무린안의 도비이시다. 도비이시를 거쳐 돌다리를 건너면 다실이 나온다.

고에쓰지의 시키이시다. 자연석과 다듬은 절석(切石)을 섞어서 만들었다.

고에쓰지의 시키이시로, 가운데는 네모난 절석을 사용하고, 주변은 색과 크기가 제각각인 자연석을 이용했다. 가장자리에는 대나무로 낮은 난간을 두었다.

묘신지妙心寺 타이조인退蔵院의 시키이시도 조형미가 뛰어나다.

고에쓰지의 또 다른 시키이시로, 가장자리에 경계석을 넣었다.

다이토쿠지大德寺 다이센인大仙院의 시키이시는 절석을 한국의 조각보처럼 절묘하게 짜맞추었다.

고다이지의 이호안遺芳庵이라는 다실이다. 요시노마도吉野窓라는 둥근 모양의 큰 창문이 특징이다. 이 다실의 입구는 요시노마도 오른쪽에 보이는 짙은 색 나무문이다. 아주 작아 몸을 숙이고 들어갈 수밖에 없는 전형적인 니지리구치다.

후지산富士山을 닮아 후지형 쓰쿠바이라고
한다. 긴카쿠지金閣寺에 있는 쓰쿠바이다.

석정(石庭)으로 이름난 료안지의 쓰쿠바이는 마치 엽전 모양으로 생겼지만, 철학적 의미를 담고 있다. 언뜻 보면 오(五), 추(隹), 필(疋), 시(矢) 네 글자로 읽히지만, 가운데 물을 채운 부분인 정사각형을 한자 부수인 '구(口)'로 보면 '오유지족(吾唯知足)'이 된다. 욕심을 부리지 말고 스스로 오직 만족함을 알라는 뜻을 담고 있다.
료안지에서는 이 쓰쿠바이를 이용해 각종 기념물을 만들어 팔고 있다.

황실이 기부한 사찰인 센뉴지에서는 황실의 문양인 국화문을 사용한
쓰쿠바이, 금속으로 만든 고급스러운 쓰쿠바이를 볼 수 있다.

겐닌지建仁寺의 쓰쿠바이는 자연석을 반으로 잘라 만들었다.

산젠인三千院의 쓰쿠바이. 풀이 무성하다.

시센도詩仙堂의 쓰쿠바이는 이끼로 덮여 있다.

가을날, 엔코지圓光寺 쓰쿠바이에는 단풍잎을 띄워 놓았다.

다이고지 산보인의 쓰쿠바이는 매우 단순하다.

난젠지 다실 앞 이시도로와 쓰쿠바이다.

매일 쓸고 닦는 청소의 산물

정원의 유형 세 가지를 설명하며 교토 정원에서 물, 돌, 모래를 어떻게 사용했는지 대강 살펴보았다. 나는 교토의 정원 문화가 꽃필 수 있었던 데에는 자연환경이 큰 몫을 했다고 생각한다. 풍부한 물과 모래, 돌이 그것이다. 우리는 흔히 한국에 많이 분포하고, 그래서 건축이나 조각의 재료로 많이 활용해 온 화강암이 신생대 지층이 많은 일본에는 별로 없다고 생각한다. 그러나 교토 인근에는 화강암 산지가 많으며, 이를 건축재와 이시도로, 쓰쿠바이 등 정원의 구성물을 만드는 데 이용해 왔다. 이러한 화강암 석재를 특별히 미카게이시御影石라고 부른다. 또한 화강암이 풍화되어 만들어진 백사(白砂)는 교토 인근의 산지와 하천 바닥에서 쉽게 채취할 수 있었고, 이는 특히 가레산스이 정원을 꾸미는 가장 중요한 재료로 사용됐다. 교토에서 생산되는 이 흰 모래는 시라카와스나白川砂라고 한다. 또한 교토는 예로부터 지하수가 넉넉하여 이를 여러 산업에 이용해 왔을 뿐 아니라 정원에도 사용했다. 그러나 시간이 흐를수록 지하수가 고갈되어 정원을 유지하는 데 어려움을 겪기도 한다. 무소 소세키가 만든 일본 최고의 용문폭이라는 덴류지 정원의 폭포는 물이 말라 이제 흐르지 않는다.

정원에서 또 빼놓을 수 없는 요소가 식물이다. 식물은 정원에 색채를 더하는 역할을 한다. 일본 정원에서 기능적인 면을 고려하고 아름다움을 살려 식물을 구성하는 것을 쇼쿠사이植栽라고 한다. 돌과 모래와 달리, 생명이 있는 식물은 시간이 흐름에 따라 계속 변화한다.

우지시에 있는 만부쿠지萬福寺 법당 앞마당은 흰 모래와 더 짙은 색의 모래를 깔아 대조를 이룬다.

    소나무, 삼나무, 편백나무 따위를 제외하면 대개의 식물은 수명이 길어도 삼백 년을 넘지 못한다. 따라서 현재의 교토 정원에서 볼 수 있는 식물은 여러 번에 걸쳐 갈아 심은 것들이다.
    고대부터 상록의 삼나무와 녹나무는 신이 내려오는 곳이라고 생각하여 식재에서 중요시했으며, 천년을 산다고 생각하는 소나무도 많이 심었다. 소나무는 특히 신선이 산다는 섬에 많이 식재됐다. 계절에 따라 꽃이 피는 꽃나무는 헤이안시대에 많이 사용했으며, 지금도 지센 정원의 연못가에 영산홍이나 철쭉을 많이 심는다. 선종 사원의 가레산스이 정원과 로지 정원에는 대나무와 양치식물, 이끼류 등의 녹색을 제외하고는 색채를 의도적으로 제한했다. 단 예외가 한 가지 있는데 바로 홍엽(紅葉), 즉 단풍이다. 단풍은 이를 보면서 가련함, 무상함의 심상을 불러일으키는 오브제로 심는다고 한다.

닌나지仁和寺 정원의 삼나무.

다이토쿠지 다이센인의 소나무는 고목이다. 길게 뻗은 줄기를 받침목으로 보호하고 있다.

교토고쇼 인근에 있는 대사찰인 쇼코쿠지相国寺 경내에는 유난히 소나무가 많다.

소나무가 담장을 따라 횡으로 자라도록 손질하고 있다.

커다란 나무 속에 파묻혀 가지를 자르는 사람이 얼굴과 팔만 드러내 놓고 있다.

가정집에서도 전문가를 동원하여
정기적으로 나무를 다듬는다. 이 작정가는
나무로 만든 사다리를 사용한다.

한창 나무 손질을 하는 가운데, 이미
손질을 마친 오른쪽 아래 생울타리는
각이 잡혀 있다.

교토 정원의 식재는 자연 상태가 아니라 인간의 손이 가해진 것들이다. 살아 있는 자연이지만, 지극히 인공적인 조형물이라 할 수 있다. 사찰의 정원은 물론, 가정집의 정원도 끊임없이 사람들이 손질하고 관리하여 그 모습을 유지한다. 나무들을 가만히 두지 않고 자주 가지를 자르고 다듬어 모양을 만든다. 저절로 자랄 것 같은 이끼마저도 매일 낙엽과 잡초를 제거해 주고 손질한다. 위로 뻗으려는 나뭇가지에 무거운 것을 매달거나 줄로 당겨서 옆으로 눕히기도 한다. 분재처럼 화분에 심은 작은 나무뿐 아니라 큰 나무도 여러 가지 방법으로 주인이 의도한 모양을 만드는 것이다. 가정집은 주인이 자기 집 나무를 직접 손질하기도 하지만, 일 년에 한 번 정도는 전문가의 손을 빌린다. 식물을 관리하는 업체에 맡겨 나무를 이발시킨다. 큰 사찰에는 정원을 전문적으로 관리하는 사람들이 있어 매일 청소하고 다듬는다.

교토의 정원이 왜 아름다운지, 그리고 무엇이 아름다운지는 사람마다 시각과 생각이 다르다. 어떤 사람은 비어 있는 공간이 많아 공백의 아름다움이 있다고 하고, 또 어떤 사람은 헤아리기 어려울 만큼 깊고 오묘한 아름다움이 있다고 한다. 또 다른 사람은 마주하면 마음이 가라앉고 심신이 평온해진다고 한다. 이렇게 아름다움을 느끼는 포인트나 해석이 모두 제각각이다.

나는 교토의 정원이 다른 나라의 정원과 다른 점은 정갈함에 있다고 생각하며, 이 깨끗하고 깔끔함은 매일 쓸고 닦는 청소의 산물이라고 본다. 앞서 말했듯이 무소 소세키는 마음을 닦기 위해 정원을 만든다고 했으며, 마음을 깨끗하게 닦고 깨달음에 이르기 위해서는 티끌 하나 없도록 정원을 유지, 관리해야 한다고 주장했다. 무소 소세키가 추구한 티끌 하나 없는 정원은 끊임없는 청소에 의해서만 가능한 것이다. 이는 무소 소세키의 개인적인 생각이 아니라 그가 속했던 임제종(臨濟宗)의 가르침과 연결된다. 임제종에서는 승려의 일과가 첫

묘신지에서 만난 나무는 벌서듯이 무거운 돌을 들고 있다. 가지가 수평으로 자라도록 한 것 같은데 무척 힘들어 보인다.

교토고쇼의 정원에서도 받침을 이용해 인위적으로 모양을 만들고 있는 소나무를 발견했다.

째 청소, 둘째 경전이라 할 정도로 청소를 가장 중요한 수행 방법으로 여겼다. 나는 일본의 정원이 다른 나라의 정원과 차별되는 지점은 매일매일 청소한다는 점이라고 믿는다. 교토의 정원에 가보면 넓은 흰 모래밭에 나뭇잎 하나 떨어져 있는 것도 발견하기 어렵다.

이끼밭을 정성스럽게 청소하고 있다.

고다이지 정원을
청소하고 있다.

덴류지 북문을 나서면 나오는 지쿠린노미치竹林の道는 약
200미터에 이르는 대나무 터널 길이다. 지쿠린노미치의 대나무도
사람의 손에 의해 유지된다. 중간중간 베어낸 흔적이 있다.

덴류지의 소겐치를 구경하고 나면, 약간 경사진 곳을 따라 나 있는 오솔길을 올라 북문으로 빠져나가게 된다. 그 길 주변에는 여러 종류의 꽃과 나무가 자라고, 친절하게 식물마다 이름을 적어 놓았다. 이름은 일본어, 영어, 한자, 한글로 적혀 있어 모처럼 식물 공부를 할 수 있다. 이곳을 햣카엔百花苑이라고 한다.

다국어로 표기한 친절하고 멋스러운 식물 안내판.
'가는흰털이끼'라는 한글 이름도 적어 놓았다.

가쓰라리큐 방문기!

가쓰라리큐

교토 서쪽을 흐르는 가쓰라가와桂川 서안에 있는 가쓰라리큐桂離宮는 에도시대인 17세기에 일본 왕족이 만든 별장으로, 일본 정원의 최고봉으로 꼽힌다. 리큐離宮는 천황이 사는 궁전과는 별도로 마련된 궁전을 의미한다. 천황이 아니라 천황의 동생인 도시히토智仁(1579~1629) 친왕(親王)과 그 아들인 도시타다智忠(1619~1662) 친왕이 2대에 걸쳐 만들었음에도, 1871년 이후 이곳이 일본 왕실 업무를 주관하는 궁내성(宮內省) 소속이 됐기 때문에 1883년부터 리큐라고 불리게 됐다. 그 이전에는 별장이라는 의미로 가쓰라베쓰규桂別業, 가쓰라산소桂山莊 등으로 불리었다.

　친왕은 일본에서 왕손에게 붙이는 칭호로 한국의 왕자나 군(君)에 해당한다. 도시히토 친왕은 한때 우리가 잘 아는 도요토미 히데요시의 양자였다. 나중에 도요토미 히데요시에게 친아들이 생겨서 다시 왕가로 돌아오게 됐고, 도요토미 히데요시는 도시히토에게 미안한 마음에 많은 재산을 주었다고 한다. 이 재산이 가쓰라리큐를 조성하는 데 큰 힘이 됐을 것이다. 도시히토와 도시타다 부자는 모두 문화와 예술에 뛰어난 소양과 재능을 가졌으며, 이러한 능력으로 일본 최고의 정원을 만들 수 있었다. 일각에서는 가쓰라리큐의 실제 설계자가 따로 있다거나, 두 부자에게 조언한 사람이 있다는 설도 있으며, 그 유력한 후보로 고보리 엔슈小堀遠州(1579~1647)라는 사람이 거론된다. 고보리 엔슈는 건축, 조경, 다도, 서예 등 다방면에 걸쳐 뛰어난 업적을 남긴 인물이다. 고보리 엔슈가 가쓰라리큐의 조영에 간여했다는 증거로는 정원에 직선을 과감하게 도입했다는 점을 든다. 정사각형을 비롯해 여러 형태로 다듬은 돌로 만든 직선의 시키이시와 도비이시는 이전의 일본 정원에서는 찾아볼 수 없는 것이라 한다. 그리고 나무를 대담하게 베어 화단을 만들고 잔디 정원을 조성한 것도 서양의 영향을 받은 고보리 엔슈가 처음 선보인 양식이란다.

가쓰라리큐는 전체 면적이 약 69,000제곱미터에 달하는 광대한 부지에 자리하고 있으며, 가쓰라가와의 물을 끌어와 연못을 만들고, 그 주위에 쇼인書院, 자테이茶亭, 쓰키야마築山, 다리, 석등을 배치했다. 쇼인이란 한국의 서원(書院)과 같은 교육 및 제사 공간이 아니라 서재를 겸하는 살림집을 말하며, 주로 무사들의 주거 양식이었다. 쓰키야마는 인공적으로 만든 산으로, 연못 주위에 언덕을 만들고 그 위에 자테이, 즉 다실을 지었다. 자연스럽게 다실은 높은 곳에 자리하게 되어 차를 마시며 멀리까지 시원하게 내려다볼 수 있다. 정원의 중심은 커다란 연못인데, 이 연못은 호안선(湖岸線)이 복잡하여 돌을 깐 길을 따라 걷다 보면 연못이 모습을 감추기도 하고 갑자기 나타나기도 하며, 모르는 사이에 높은 곳으로 올랐다가 다시 연못가에 와 있는 등 변화무쌍한 풍경을 만나게 된다. 연못 안에는 크고 작은 다섯 개의 섬이 있으며, 흙과 널판자, 돌로 만든 다리가 놓여 있어 섬으로 건너갈 수 있다.

사실 가쓰라리큐가 유명해진 계기는 이곳을 방문한 서양인들의 평가에 의해서였다. 그중에서도 20세기를 대표하는 독일 건축가인 브루노 타우트(1880~1938)는 스스로 '가쓰라리큐의 발견자'라고 자부했다. 그는 나치의 박해를 피해 1933년부터 일본에 삼 년간 머물렀는데, 가쓰라리큐를 두고 간소한 아름다움과 깊은 정신성을 표현한 건

가쓰라리큐는 연못이 중심이 되는 정원이다.

주거 공간인 쇼인으로, 왕실 건물이지만 검소하고 단정하다.

연못 주위의 땅을 돋우어 쓰키야마를 만들고, 그 위에 다실을 지었다. 사진에 보이는 다실은 쇼킨테이松琴亭다. 쇼킨테이라는 이름 그대로 앞에 소나무를 심었다.

연못 안에 섬을 만들고, 거기에 다실과 불당을 조성했다. 섬은 다리를 이용해 건너간다.

여러 데지마와 스하마로 인해 연못의 호안선이 복잡하여, 연못을 둘러싼 경치가 계속해서 변화한다.

축과 정원이라고 평가했다. 그는 "여기에 펼쳐진 미는 이해할 수 없는 미, 즉 위대한 예술이 지닌 미다. 뛰어난 예술품을 접할 때 눈물이 저절로 넘쳐흐른다"라는 감상평을 남겼다. 이러한 그의 평가가 유럽에까지 널리 알려지면서 가쓰라리큐의 가치는 재인식됐고, 일본인은 물론 외국인들도 가쓰라리큐를 꼭 한번 관람하고 싶다는 희망을 품게 했다.

그런데 궁내성에서 관리하는 가쓰라리큐는 구경이 쉽지 않다. 참관하고 싶은 날짜 삼 개월 전에 미리 왕복 엽서나 인터넷으로 신청해야만 한다. 하루에 일본어 설명은 이백마흔 명, 영어 설명은 백 명으

가쓰라리큐 입구에는 커다란 고목이 지키고 있으며,
호가키로 인해 안쪽이 전혀 보이지 않는다.

로 참관 인원이 정해져 있다. 내가 구경했던 2016년에 비해 지금은 참관 인원이 조금 늘어났지만 없었던 1,000엔의 입장료가 생겨났다. 일본어 설명이라도 한국어 음성 가이드를 무료로 대여해 주기 때문에 인원이 많은 일본어 설명에 신청하는 것이 유리해 보인다. 예약 가능 여부는 엽서나 메일로 다시 알려 주는데, 정원을 초과하면 추첨한다고 한다. 아무리 맛집이라도 줄이 길면 다른 데를 가고, 예약 등을 귀찮아하는 나도 이곳은 꼭 구경하고 싶어서 인터넷으로 신청하고 조마조마한 마음으로 결과를 기다렸다. 미루고 미루다 귀국 예정일이 얼마 남지 않은 날짜에서야 신청했기 때문이다.

  드디어 그날이 왔다. 혹시 갑자기 아파서 못 가면 어쩌지, 날씨가 나쁘면 어쩌지, 쓸데없는 걱정이 많았으나 다행히 몸은 멀쩡했고 날씨도 괜찮았다. 가쓰라리큐는 교토에서도 교통이 불편한 곳이다. 시내에서 한큐阪急 전차를 타고 가쓰라역에 내려서 이십 분 정도를 걸어

호가키가 길게 이어진다.

가야 한다. 혹시 늦을까 하는 조바심에 서둘렀더니 사십 분이나 일찍 도착했다. 입구에는 커다란 고목이 지키고 있었고, 나같이 걱정이 많은 사람들이 일찍 와서 나무 주위를 서성이고 있었다.

출입문 주위에는 윗부분을 비스듬히 깎은 대나무 기둥을 같은 간격으로 세운 뒤, 그 사이에 조릿대를 가로질러 만든 울타리가 둘러쳐져 있어 안쪽이 전혀 보이지 않았다. 이런 울타리를 호가키穗垣라고 하는데, 날카로운 윗부분 때문에 위압감이 느껴졌지만 금단의 영역으로 들어간다는 기대감도 불러일으켰다.

시간에 딱 맞추어 한 무리의 서양인들이 도착하자마자 입장이 시작됐다. 함께 입장한 서른여 명 중 반 이상이 외국인이었다. 안내인은 관람 시간이 한 시간 정도이며, 개인행동은 안 되지만 사진은 마음대로 찍어도 된다고 했다. 교토에는 사진 촬영이 금지된 장소가 적지 않아 일단 마음이 놓였다.

투어가 시작되자마자, 미유키미치御幸道라고 부르는 직선으로 뻗은 길을 만났다. 평평한 지면에 '아라레코보시霰こぼし'라는 수법으로, 즉 '싸라기눈을 뿌려 놓은' 것처럼 돌을 깐 길이다. 교토의 가모가와賀茂川에서 가져왔다는 청흑색 자갈이 44미터에 걸쳐 놓여 있는데 감탄이 절로 나왔다. 아라레코보시 수법으로 돌을 깔려면 사방 50센티미터를 늘어놓는 데에 장인 한 사람이 하루가 걸린다고 한다. 길 자체가 실로 대단한 노력이 들어간 작품이다. 더욱 놀라운 점은 늦가을인데도 길에 낙엽 한 장 없다는 사실이다. 이 길을 걷고 있는데 역시 멀리에 빗질하는 사람이 보였다.

아라레코보시 기법으로 만들어진 돌길 미유키미치에서 멀리 청소하는 사람이 보인다.

돌길 옆 울타리 역할을 하는 나무와 중앙에 보이는
소나무를 보면 얼마나 사람의 손길이 자주, 그리고 정교하게
가해졌는지를 가늠할 수 있다.

조금 더 들어가니 소철을 심은 동산이 나왔다. 이곳을
소테쓰야마蘇鉄山라 부른다. 역시 나무 손질이 한창이었다.
겨울을 대비하여 소철을 싸는 것이다.

못 주위에 조성한 스하마는
가모가와賀茂川의 청흑석(靑黑石)을
가져와 만들었다.

그다음부터는 중앙의 연못 주위를 돌면서 곳곳에 있는 다옥(茶屋)을 구경하는 코스였다. 다옥은 하나 같이 아담하고 수수하며 연못을 바라보게 만들어져 있으나, 다옥마다 다른 경치를 만날 수 있었다. 이렇게 약 한 시간에 달하는 투어에도 불구하고 같은 광경을 다시 만나지 않고, 어느 방향에서 보아도 어색함과 소홀함이 없는 아름다운 경치를 즐길 수 있다는 점이 가쓰라리큐의 매력이라 할 수 있다. 단점은 물론 자유롭게 여유를 부리며 구경할 수 없다는 점이다.

쇼킨테이의 내부다. 깔끔하고 소박하지만, 청색과 흰색의 바둑판 문양을 후스마와 도코노마床の間에 사용하여 포인트를 주었다. 이러한 무늬를 이치마쓰市松라고 한다. 도코노마는 바닥을 한층 높게 만들어 놓은 부분으로, 족자를 걸거나 장식물을 두는 공간이다.

쇼이켄笑意軒은 연못 남쪽에 있는 다옥이다.

쇼킨테이는 바깥 경치를 잘 감상할 수 있도록 큰 창이 있어 시원해 보이나, 겨울용 다옥으로 알려져 있다.

쇼이켄의 내부도 다다미가 깔려 있으며, 바깥 경치를 최대한 즐길 수 있도록 만들었다.

오른쪽에 보이는 작은 다옥이 연못 서쪽에 있는 겟파로月波樓다. 연못 옆에 석축을 쌓고 그 위에 건물을 지었으며, 여름용 다옥으로 알려져 있다.

겟파로의 툇마루 아래로 석축이 보인다. 툇마루 기둥을 받치고 있는 돌에서도 세밀함이 느껴진다.

겨울용 다옥인 쇼킨테이에 비해 겟파로는 더욱 개방적인 구조다.

쇼카테이賞花亭는 연못 남쪽의 큰 섬 안에 있는 작은 다옥이다.

두 서양인 아주머니가 쇼카테이를 독차지했다.

가쓰라리큐에서 나를 황홀하게 만든 것은 역시 사람들의 걸음을 유도하는 돌인 도비이시와 돌을 깐 보도인 시키이시, 노베단이다. 사실 정원을 제대로 감상하려면 멀리서 조망하고, 가까이서 살피며, 또 이곳저곳을 두리번거려야 하지만 나는 도비이시와 시키이시에 정신이 팔려 땅만 보고 걸음을 옮기다가 앞사람이 걸음을 멈추면 그제야 주위를 돌아보곤 했다. 한 정원 안에 이렇게 다양한 형태, 색, 크기, 배치의 도비이시와 시키이시를 볼 수 있는 곳은 드물지 않을까 생각된다. 노베단도 자연석만을 깐 것, 인공적으로 다듬은 절석만을 깐 것, 자연석과 절석을 섞어 깐 것 등 너무나 다양했다. 절석만을 사용한 것을 '신노노베단真の延段', 자연석만을 사용한 것을 '소노노베단草の延段', 둘을 섞은 것을 '교노노베단行の延段'이라고 하는데, 이것은 서예의 해서(楷書), 초서(草書), 행서(行書)에서 유래한 것이다. 사람들이 딴 길로 샐 것을 우려해 도비이시 옆에 낮은 대나무 울타리(?)를 만들어 놓은 것도 재미있었다.

사실 일본인들은 가쓰라리큐에서 보도와 연못 옆에 서 있는 스물네 개의 석등에 많은 관심을 쏟는다. 다양한 형태의 석등을 한 곳에서 비교해 볼 수 있기 때문이다. 세 개의 다리에 삼각형 지붕이 있는 '산카쿠토로三角燈籠'가 있고, '유키미토로雪見燈籠'라는 석등도 있다. '유키미雪見'라는 이름은 석등 지붕에 쌓인 눈을 즐길 수 있어서 유래했다는 설과 지붕의 모양이 눈이 쌓인 것처럼 보여서 유래했다는 설이 있다.

석등 가운데는 내가 눈여겨보지 못해 나중에 후회한 것이 있다. 무장이자 다도의 명인이었던 후루타 오리베古田織部(1543~1615)가 고안했다는 '오리베토로織部燈籠'다. 오리베토로가 특별히 아름다워서가 아니라, 이 석등의 사각형 몸통 윗부분에는 십자가 모양이 있고 아랫부분에는 성모 마리아의 입상이 조각되어 있기 때문이다. 오리베토로는 '기리스탄토로', 한국식으로 하면 '크리스천 석등'이라고도 한다.

가쓰라리큐에서는 다채로운 도비이시를 만날 수 있다. 사진 속 도비이시는 자연석을 사용했고, 돌의 크기, 모양, 색이 다르다. 도비이시를 걷다 보면 사람의 걸음에 맞춰 돌의 간격과 위치를 정했다는 사실을 알 수 있다. 특히 경사지에서는 사람들이 편하게 걸을 수 있도록 돌의 높이도 조정했다. 마지막 사진은 사각형으로 손질한 돌을 사용한 도비이시다.

아라레코보시 기법으로 깐 자갈과 사각형 절석을 섞은 이 도비이시는 그야말로 작품이다.

쇼인 앞의 도비이시는 쇼인 마루에 편하게 오를 수 있도록 점점 더 높아지도록 돌을 배치했다.

자연석만을 사용하여 만든 시키이시인 소노노베단이다.
사용한 돌의 크기와 형태 그리고 색이 다양하다.

인공적으로 다듬은 절석만을
사용한 신노노베단이다.

자연석과 절석을 섞어 만든
교노노베단이다.

연못 안의 섬을 잇는 다리의 짜임새나 생김새도 교묘하다. 리큐 전체를 조망할 수 있는 가장 높고 큰 다정인 쇼킨테이 앞에 놓인 돌다리는 단연 압권이다. 휘어진 부분 없이 5.7미터에 달하는 직선의 거대한 돌로 다리를 놓았다. 이 다리도 교토 특산인 시라카와이시白川石로 만들었다.

나무 교각을 세우고 그 위에 널판자를 깐 다리도 있다. 다리의 상판인 널판자는 노출되어 있지 않고 조약돌로 덮여 있으며, 중간중간에 나무 테두리를 만들어 발이 미끄러지지 않게 했다. 그리고 널판자 상판 양옆에는 흙을 돋우고 키 작은 식물을 심어 난간 역할을 하도록 했다. 작은 다리이지만 정말 디테일이 살아 있는 하나의 예술이다.

쇼인 한 귀퉁이의 모습을 보면 일본인들이 다양한 돌을 어디에 얼마나 절묘하게 사용했는지 감탄하게 된다.

가쓰라리큐에는 여러 형태의 석등이 있다.

이는 에도시대 초기의 강력한 기독교 금지령 이후에도 은밀하게 신앙을 이어가던 '가쿠레키리스탄隱切支丹', 즉 숨어 지내던 기독교인의 신앙물이었다. 나중에 책을 통해 이러한 석등이 가쓰라리큐에 일곱 개나 있다는 사실을 알고 이를 제대로 보지 못해 아쉬웠다.

천황가의 정원에 기독교 상징물이 있다는 사실은 불가사의하다. 여기에는 두 가지 설이 있는데, 하나는 도시히토 친왕의 부인이 기독교를 믿는 다이묘大名의 딸이었다는 설이며, 가쓰라리큐의 건축 양식에 서양 영향이 나타나는 것도 이 때문이라고 한다. 다른 하나는 도시히토 친왕의 오른팔 역할을 하던 혼고 오리베本鄕織部가 기독교인이었기 때문이라는 이야기다. 혼고 오리베는 기독교 박해로 처형당했으며, 도시히토 친왕이 혼고 오리베를 추모하기 위해 이 석등들을 세웠다고 한다.

유키미토로는 지붕이 넓고 조금 납작한 형태다.

가쓰라리큐는 특히 단풍철에 아름답다.

20세기 정원
도후쿠지

교토역에서 멀지 않은 도후쿠지東福寺는 단풍으로 유명한 절이다. 교토에서는 드물게 계곡을 끼고 자리하여 호젓한 느낌이 나지만 단풍철에는 인파가 몰려 절 입구부터 줄을 지어 들어갈 정도로 붐빈다. 특히 계곡 위에 걸린 나무다리인 쓰우텐쿄通天橋에서 바라보는 단풍이 아름다워 단풍철에 이 다리를 건너려면 줄을 서야 한다. 사고 방지를 위해 다리 위에서의 사진 촬영은 금지다. 심지어 단풍철에는 쓰우텐쿄를 건너기 위해 따로 입장권을 사야 한다. 나는 차라리 봄철, 신록의 계절에 이 절을 찾기를 권한다. 쓰우텐쿄에 서서 새로 잎이 돋아난 단풍나무가 꽉 들어차 싱그러움으로 빛나는 계곡을 바라보는 맛이 있다. 결코 단풍 구경에 뒤지지 않는다.

도후쿠지는 주요 관광지에서 떨어진 위치에 있고, 한국 관광객이 좋아하는 세계문화유산도 아니어서 한국인은 거의 찾지 않는다. 그러나 이 절에서는 일본에서 가장 크고 오래된 화장실 건물과 근대에 조성된 전통적인 일본 정원을 볼 수 있다. 화장실 이야기는 남겨 두고, 정원 이야기에 집중하자.

이 절의 정원은 주지 스님이 기거하는 호조 건물을 중심으로 동서남북 네 방향에 만들어져 있는데, 이 네 개의 정원이 각기 황홀한 개성을 뿜낸다. 선종의 호조에는 예로부터 많은 이름난 정원이 있지만, 호조의 네 방향을 정원으로 두른 것은 도후쿠지의 혼보테이엔本坊

신록의 계절인 5월 초, 도후쿠지의 쓰우텐쿄 주변은 푸르름으로 가득 찬다. 나무들은 대부분 단풍나무다.

庭園뿐이다. 이 정원은 '핫소노니와八相の庭'라고 불리며, 작정가 시게모리 미레이重森三玲(1896~1975)에 의해 1939년에 만들어졌다. 이 절이 창건된 가마쿠라시대의 실질적이고 강건한 품격을 기조로, 현대 예술의 추상적 구성을 도입했다는 점에서 근대 정원의 백미로 꼽힌다.

이 정원을 만들 때 절에서 시게모리 미레이에게 요구한 조건은 절에 있던 기존의 재료들을 버리지 말고 재사용해 달라는 것이었다. 이는 선의 가르침인 일체 낭비를 해선 안 된다는 정신에 따른 것으로, 이것으로 시게모리 미레이의 설계에는 상당한 제약이 가해졌다. 그러나 이러한 제약이 있었기 때문에 발상의 전환이 이루어질 수 있었고 북쪽 정원에서 볼 수 있는 일본 문화의 전통적인 의장인 이치마쓰 무늬나 동쪽 정원의 북두칠성을 나타낸 구성이 탄생한 것이다.

먼저 현관에 들어서면 가장 먼저 만나는 동정(東庭)은 바깥쪽에 이중의 생울타리를 만들고, 안쪽에 이끼와 시라카와白川의 흰 모래를 깐 다음, 모래 위에 원기둥 모양의 돌 일곱 개로 북두칠성을 표현했

북두칠성을 상징하는 일곱 개의 돌로 구성된 동정이다.

다. 북두칠성을 나타내는 원기둥은 도후쿠지 내 화장실 건물인 도스東司에서 사용하던 초석으로 만들었다. 도스를 해체 수리할 때 남은 재료라고 한다. 시게모리 미레이는 도후쿠지의 정원을 만들기 전에 일본에 있는 많은 정원을 실측 조사했고, 이백마흔세 개의 고정원(古庭園)을 수록한 스물여섯 권의 『일본정원사도감(日本庭園史図鑑)』을 편찬하기도 했다. 이러한 연구 경험을 통해 그는 일본의 정원이 동서남북의 별자리에서 유래한 사신(四神)과 깊이 관련되어 있다는 점을 알게 되어, 북두칠성의 별자리를 일본 정원에 처음으로 도입했다. 그는 또한 교토를 중심으로 근대에 활동한 유명한 작정가 7대 오가와 지헤가 산조三条대교(大橋)와 고조五条대교의 교각에서 사용하던 원기둥 석재를 불하받아 헤이안진구의 정원 조성에 이용한 데에서도 아이디어를 얻었다. 그가 동쪽 정원에 별자리를 조성한 건 별이 동쪽에서 떠오른다는 사실과 관련이 있다. 동정의 일곱 개 돌은 각기 높이가 다르다. 고, 중, 저의 균형을 고려한 리드미컬한 구성이 돋보인다.

가장 규모가 큰 남정(南庭)은 전형적인 가레산스이 정원이다. 모래로 표현한 바다 위에 여러 개의 돌로 신선이 사는 섬을 그렸다. 한쪽에는 이끼가 자라는 다섯 개의 산도 만들었다. 신선이 사는 섬은 봉래(蓬萊), 영주(瀛州), 호량(壺梁), 방장(方丈) 등 모두 네 개인데, 돌의 구성을 달리하여 네 개의 섬을 개성 있게 표현했다. 가레산스이 정원에서 돌로 신선이 사는 섬을 표현하는 것은 흔하지만, 시게모리 미레이는 과감하게 6미터 정도의 긴 돌을 눕혀 사용했다는 점이 독특하다. 이 횡석(橫石)과 그 주변의 입석이 균형을 맞추고 있는 점이 시게모리 미레이의 새로운 시도로 평가받는다. 다섯 개의 이끼 산은 교토 오산(京都五山)을 상징하며, 각각 크기와 높이를 다르게 표현했다.

남정에서 모래는 바다, 돌은 섬을 의미한다. 사진 앞쪽에 누워 있는 횡석은 길이가 무려 6미터에 달한다.

이끼로 덮은 둔덕은 교토 오산을 상징한다.

서정(西庭)은 가위로 손질한 철쭉과 모래로 바둑판 모양을 만들었다. 이런 바둑판 모양을 일본에서는 이치마쓰 문양이라 부르며, 2020년 도쿄올림픽 엠블럼에도 이 문양을 응용했다. 또 이 모양이 중국의 격자형 정전(井田)과 비슷하다고 하여 '이다노니와井田の庭'라고도 부른다. 이치마쓰 문양은 과거부터 일본에서 번영의 의미로 옷감이나 벽지의 무늬에 사용됐고, 특히 도후쿠지에는 개산조(開山祖)를 모신 가이산도開山堂 안마당에 흰 모래로 이치마쓰 문양을 만든 가레산스이가 있어 시게모리 미레이가 여기에서 착안하여 서정을 디자인했을 것이다.

서정은 이끼와 모래밭 위에 철쭉을 심고 다듬어 이치마쓰 문양을 만들었다.

도후쿠지에서 이치마쓰 문양은 서정 외에 가이산도라는 건물 안마당에도 있다. 흰 모래에 이치마쓰 문양을 그렸다.

마지막 북정(北庭)은 네 개의 정원 중에서도 가장 걸작으로 꼽힌다. 시키이시, 즉 보도로 쓰던 네모난 돌과 이끼를 이용하여 이치마쓰 문양을 만들었다. 이치마쓰 모양의 크기가 큰 서정을 다이이치마쓰大市松라고 부르며 이치마쓰 문양의 크기가 작은 북정을 고이치마쓰小市松라고 부르는데, 북정은 서정이 연장된 느낌으로 시작한다. 그래서 첫 부분은 서정의 이치마쓰를 이어받기 위해 정확한 모양과 간격으로 돌과 이끼를 배치했고, 얼마 지나지 않아 무늬가 허물어지다가, 마지막에는 돌 하나씩을 툭툭 던지다가 사라지는 것처럼 만들었다. 이러한 표현은 학창 시절에 그림을 공부한 시게모리 미레이가 일본화에서 경계선 부분을 흐림으로써 다양한 의미를 부여하는 기법을 정원에 도입한 것이라고 한다. 이끼 속에서 점차 흩어져 가는 돌을 보는 사람들의 감흥은 각기 다르다. 어느 서양 조각가는 이를 '몬드리안 풍'이라고 했고, 점차 사라져 가는 것에서 인생의 무상을 느꼈는지 이 정원을 보고 눈물을 흘렸다는 사람도 적지 않다고 한다. 돌의 배치에서 절묘한 거리감, 깊이감 그리고 입체감을 느낄 수 있는 것은 분명한 사실이다.

이렇게 도호쿠지의 네 개의 호조정원은 각기 시각적 표현은 다르지만 전체적으로 이야기가 연결된다. 20세기에 만든 정원이지만 일본 정원의 전통 양식인 가레산스이, 전통 수법인 신선 사상, 전통 의장인 이치마쓰 문양이 표현되어 있다.

북정은 시게모리 미레이의 최고 걸작품. 이끼 속에서
돌이 점차 흩어져 감을 표현했다.

4

일상과
축제 사이

멋모르고 유료 관람석에서
아오이마쓰리를
구경하고 실망했던 나는
지다이마쓰리 구경에 돈을
쓰지 않기로 했다.

아오이 잎을 머리에 쓰고
아오이마쓰리

축제라고 하면 흥겨운 잔치를 연상하지만 동서양을 막론하고 축제는 종교의식에서 유래했다. 감사와 기원, 위령을 위해 신이나 조상에게 제사를 지내는 행위가 축제의 원형이다. 일본의 마쓰리祭도 신을 받들고 신에게 감사하기 위한 행사에서 출발했다. 그래서 마쓰리는 일본 고유의 신앙인 신도(神道)와 분리할 수 없으며, 신사를 중심으로 마쓰리가 개최되는 경우가 많다. 천 년 이상 수도였고, 종교 도시로서 지금도 많은 신사와 절이 존재하는 교토는 전국적으로 유명하고 화려한 마쓰리부터 지역에서 유지하고 있는 소박한 마쓰리까지 실로 다채로운 행사가 사계절 내내 각지에서 개최된다.

사실 마쓰리는 교토 문화를 구현한 것이라 해도 틀리지 않는다. 내가 일 년 동안 교토에서 지내면서 체험한 마쓰리를 소개하려 한다. 먼저 '아오이마쓰리葵祭'다.

교토의 3대 마쓰리로는 아오이마쓰리, 기온마쓰리祇園祭, 지다이마쓰리時代祭를 꼽는다. 아오이마쓰리는 매년 5월 15일에 가미가모진자와 시모가모진자를 중심으로 열린다. 그 기원이 6세기의 긴메이欽明(509~571) 천황 때까지 거슬러 올라가는 교토에서 가장 오래된 마쓰리다. 당시 자주 비바람이 심해서 농사가 잘되지 않아 점을 쳐보니 풍수해가 발생한 이유가 가모賀茂신의 저주 때문이라는 점괘가 나왔다. 이에 길일을 택해 제사를 지내고, 말은 방울을 달고 사람은 탈을 쓰고 달리게 했더니 날씨가 좋아져 풍년을 맞이하게 된 데에서 마쓰리가 유래했다. 나라시대에는 인근의 많은 사람이 모일 정도로 인기가 높아졌으며, 말에서 활을 쏘는 행사도 이루어졌다. 헤이안 천도 이후인 819년부터는 율령 제도에 의해 국가 행사가 됐다. 이같이 아오이마쓰리는 서민의 마쓰리인 기온마쓰리와 달리 조정의 행사였고, 주로 귀족들이 참가했다. 그래서 일본의 마쓰리 가운데 왕실 풍속과 전통이 남아 있는 몇 안 되는 행사다.

지금의 아오이마쓰리는 헤이안시대의 복장을 한 행렬이 왕궁이었던 교토고쇼에서 출발하여 시모가모진자를 거쳐 가미가모진자까지 행진하는 형태로 이루어지며, 두 신사에서는 신을 위한 의식을 치른다. 행렬은 경호 역할을 하는 기마대를 선두로, 말을 탄 무관과 문관, 왕이 파견한 칙사 그리고 사이오다이齋王代를 선두로 한 여성 관

남자들이 멘
가마를 타고 있는
사이오다이.

아오이 잎으로 관모를 장식한
남성들이 지나간다.

수레를 끄는 사람들도 모두 아오이 잎을 관모에 꽂았다.

검은 소가 등나무꽃으로 장식된 수레를 끈다.

화려한 궁중의상 차림에 말을 탄 여성들도 많다.

행렬에 참가한 아이들은 좀 지쳐 보였다.

시모가모진자는 이날 아오이마쓰리를 구경하러 온 사람으로 인산인해였다.

리 순으로 구성되는데, 행렬의 주역은 단연 사이오다이라는 여성이다. 사이오斎王는 헤이안시대 신을 모시는 일을 하도록 왕실에서 보낸 공주로, 이를 대신한다고 하여 다이代를 붙여 부른다. 이 역할을 맡은 여성은 화려한 왕실 복장에 얼굴을 하얗게 화장하고 치아를 검게 칠한다.

사실상 아오이마쓰리의 주인공이라 할 수 있는 사이오다이 역할은 매년 교토에 연고가 있는 20대 미혼 여성 중에 뽑는다. 그런데 그 선발이 일반 공모나 오디션에 의해 이루어지지 않는다. 수천만 엔, 한국 돈으로 수억 원이라고 알려진 비용을 낼 수 있어야 하므로 교토에 있는 사찰 집안이나 연예인, 사업가 등 부호의 딸이 추천에 의해 선정된다. 막대한 재정적 부담을 짊어질 수 있고, 또 마쓰리의 유지에 이해관계가 있는 일부 집안의 딸로 사실상 한정되어 있어서 어머니와 딸, 자매가 사이오다이를 역임하는 사례가 적지 않으며, 할머니, 어머니, 본인 이렇게 3대에 걸친 사이오다이도 있다. 사이오다이를 비롯한 여성들의 행렬은 1956년부터 시작됐는데, 2023년 65대 사이오다이는 영국 런던대학교를 졸업하고 벤처 캐피털 회사에 다니는 29세 여성으로, 교토의사회 회장의 딸이라고 한다. 공정을 중요시하는 한국에서는 이해하기 어려운 선발 방식이라 할 수 있다.

그럼 사이오다이가 치아를 검게 칠한 이유는 무엇일까? 치아를 검게 물들이는 화장법을 일본에서는 오하구로お歯黒라고 한다. 오늘날의 시각으로는 괴상하고 흉측하게 느껴지지만 과거에는 이를 아름답다고 느껴 특히 기혼 여성들 사이에 보편적으로 행해졌다. 치아를 눈에 띄지 않게 하면 얼굴이 부드럽게 보이고 한편으로 요염하게 보인다고 믿었으며, 치아의 변색을 숨기고 구취, 충치, 치주병의 예방 효과도 있다고 생각했다. 오하구로의 방법은 철을 초산에 녹인 용액인 가네미즈鉄漿水를 치아에 바르고, 타닌이 많이 함유된 가루를 덧칠하

는 것으로, 이를 반복하면 가네미즈의 초산제일철이 타닌산과 결합하여 검은색의 피막을 형성한단다.

아오이마쓰리의 아오이葵는 무엇일까? 아오이는 하트 모양의 잎을 가진 식물의 이름으로, 마쓰리 참가자들의 관모(冠帽)를 이 잎으로 장식하며, 마쓰리에 참가하는 말과 소가 끄는 수레를 꾸미는 데도 이 잎을 사용한다. 아오이는 태양, 그리고 가모진자에서 모시는 신 와케이카즈치노오카미別雷大神를 상징한다고 한다. 나는 이 아오이라는 식물의 정체가 궁금했다. 아오이를 일본어 사전에 찾으면 '당아욱, 접시꽃, 동규(冬葵) 등의 총칭'이라고 나오나, 이들은 모두 아오이마쓰리에서 본 아오이와 모양이 달랐다. 혹자는 아오이가 한국의 족두리풀이라고 하지만, 잎 모양은 거의 비슷하나 꽃 모양은 다르다. 그래서 열심히 찾아보니 가모진자의 상징이자 아오이마쓰리의 장식물로 사용하는 아오이는 후다바아오이フタバアオイ라는 일본 고유종으로, 학명은 'Asarum caulescens Maxim'이라고 한다. 아마 한국에는 없는 식물이라고 추정된다. 내가 아오이에 관심을 보인 이유는 이 식물이 도쿠가와 가문의 문장으로도 사용되기 때문이다. 이를 아오이노고몬葵の御紋이라 하는데, 이 문장은 세 개의 잎을 사용한다. 아오이노고몬도 가모진자와 관련이 있다고 알려져 있다.

나는 아오이마쓰리가 교토의 3대 마쓰리인 데다, 왕실의 전통을 재현한다고 하여 잔뜩 기대했다. 서둘러 시모가모진자에 갔지만 벌써 인산인해를 이루어 사진을 찍기 좋은 자리는 사람들이 모두 차지하고 있었다. 그래서 큰맘을 먹고 2,000엔을 내고 유료 관람석에 앉았으나 행렬이 나타날 때까지 한 시간 이상을 기다려야 했다.

유료 관람석은 의자에 앉아서 구경하는데, 일어서서 사진을 찍을 수 없어 불편한 점도 있다. 지루한 기다림에 짜증이 날 무렵, 행렬의 선두가 눈앞에 나타났다. 행렬의 길이는 1킬로미터 정도에 달했고, 설

갖가지 꽃으로 꾸민 양산도 볼거리였다.

명문에 의하면 말 서른여섯 마리, 소가 끄는 우차 두 대, 오백여 명의 남녀노소 참가자의 행진이 이어졌다. 정말로 남자 참가자 대부분은 머리에 아오이 잎을 꽂고 있었고, 여자 참가자들은 상의에 아오이 잎을 달고 있었다. 참가자가 입은 의상이 무척 다채로워 볼만했다. 등나무꽃으로 장식된 호화스러운 마차를 검은 소가 끄는 광경도 흥미로웠다. 여성들이 쓴 다양한 꽃으로 꾸민 양산도 아름다웠다.

다만, 참가자들은 교토고쇼에서 시모가모진자까지 걸어오느라 많이 지쳐 보였다. 걸음걸이에는 힘이 없었으며, 고개를 숙이고 걷는 사람들도 적지 않았다. 이른 더위에 지쳐 힘들어 보이는 어린아이들의 모습은 안쓰러웠다. 엄숙한 행사여서인지는 모르겠으나 무엇보다 행진에 음악이 없는 것도 아쉬웠다. 기대했던 행렬은 삼십 분 만에 끝나버려 좀 허탈하고 본전 생각이 났다.

아오이마쓰리의 접수 장소다.
자원봉사를 하는 할아버지 스카우트들이 이채롭다,

그래도 여름에 가야 한다면

기온마쓰리

교토를 대표하는 마쓰리는 역시 기온마쓰리다. 일본인들은 무엇이든 3대를 꼽는 걸 좋아하는데, 기온마쓰리는 도쿄의 간다마쓰리神田祭, 오사카의 덴진마쓰리天神祭와 함께 일본 3대 마쓰리다. 기온마쓰리는 9세기에 예기치 않은 죽음을 맞은 사람의 영혼을 달래는 고료에御靈会라는 진혼제에서 비롯됐다. 당시에는 원혼의 앙갚음이 전염병을 일으킨다고 믿었기 때문이다. 특히 869년 전국적으로 전염병이 유행하자 천황의 칙사가 왕실 정원이었던 신센엔神泉苑에 당시 고쿠國의 숫자였던 66개의 호코鉾, 즉 긴 창을 세운 뒤, 전염병을 퇴치하는 우두천왕을 모신 기온진자祇園神社로부터 신을 태운 가마인 미코시神輿를 신센엔에 보내어 기온고료에祇園御靈会를 열었던 것을 기온마쓰리의 기원으로 간주한다. 고쿠는 지금의 현과 비슷한 당시의 행정구역이었고, 기온진자는 교토 중심부에 있는 지금의 야사카진자八坂神社다. 교토의 최고 번화가인 기온은 이 신사에서 유래했다.

　그래서 지금도 기온마쓰리의 주요 행사는 긴 장대, 즉 호코를 세우고 신을 태운 수레인 야마보코山鉾의 순행(巡行)이다. 기온마쓰리는 더운 여름인 7월 내내 열린다. 더운 여름에 개최하는 이유는 상수도와 냉장고가 없던 시절, 여름에 특히 전염병이 많이 유행했고 탈수증세로 인한 사망자도 다른 계절에 비해 많았기 때문이다.

　기온마쓰리는 초창기부터 현재까지 미코시의 순행을 중심으로

기온마쓰리의 핵심은 야마보코의 순행이다.
나기나타보코長刀鉾라는 야마보코가 순행하고 있다.

하는데, 현재와 같은 형태의 야마보코가 사용된 것은 무로마치시대로 추정된다. 무로마치시대에 이르러 시조무로마치四条室町를 비롯한 교토의 중심 상업 지역에 상공업자들의 자치 조직인 료가와초가 형성됐고, 료가와초마다 개성을 담은 야마보코를 제작하여 마쓰리에 참가하기 시작했다. 그전까지는 장대 모양의 호코가 단독으로 움직였으나, 이 무렵부터 지금과 유사한 호코와 사람을 태운 수레를 결합한 형태의 야마보코가 마쓰리에 사용됐다.

　　료가와초에 관한 설명이 조금 필요할 것 같다. 일반적으로 일본에서 조町는 시가지의 구획을 의미하며, 기초 행정구역의 단위이기도 하다. 쉽게 설명하면, 한국의 동(洞)과 같이 도시를 구성하고 있는 하나의 마을이라 생각하면 된다. 교토의 오래된 시가지에서는 길을 사이에 두고 양쪽에 마주 보고 있는 집들이 하나의 지역 공동체를 구성했으며, 이것을 료가와초라고 한다. 이것은 교토의 시가지가 가로에

간코쿠호코초函谷鉾町의 한 건물에서 기온마쓰리를 위한 음악 합주 연습이 한창이다.

7월 10일경이 되면, 해체하여 보관해 두었던 야마보코의 조립이 시작된다. 간코쿠호코는 조카이 건물 옆에서 조립 작업을 하며, 관광객들은 이것을 구경한다.

면하여 상공업을 영위하는 사람들에 의해 발전해 왔음을 보여 준다. 료가와초는 각각 주민들이 자치 조직으로 운영해 왔다. 교토 중심부의 료가와초는 주민 대부분이 상당한 부를 축적한 상공업자여서 건물 따위의 자체 재산을 보유한 경우가 많으며, 과거에는 직접 초등학교를 설립하여 운영하기도 했다. 기온마쓰리의 야마보코도 이러한 마을 공동체가 스스로 제작하여 유지, 관리해 왔다. 야마보코는 마을의 재력과 개성을 과시할 수 있는 좋은 수단이었기 때문에 서로 경쟁적으로 더 크고 화려하며 독특한 야마보코를 만들려고 공을 들였다. 즉 기온마쓰리의 야마보코는 교토 시내 각 마을의 전통과 문화를 집약하여 보여주는 '움직이는 박물관'이라고 해도 과언이 아니다. 현재 기온마쓰리에 야마보코가 참가하는 마을, 즉 조는 총 서른세 곳이다.

기온마쓰리는 7월 1일부터 31일까지 진행되며, 야사카진자와 야마보코를 운영하는 마을들을 중심으로 다양한 행사가 펼쳐진다. 그중 하이라이트인 야마보코 순행은 7월 17일의 사키마쓰리前祭, 7월 24일의 아토마쓰리後祭, 이렇게 두 차례로 나누어 진행된다. 사키마쓰리에는 스물세 기, 아토마쓰리에는 열 기의 야마보코가 순행한다.

야마보코는 수레의 형태에 따라 다섯 가지 유형으로 나눌 수 있으나, 크게 호코와 야마山가 있다. 모두 열 기가 있는 호코는 이름 그대로 긴 장대 위에 창 모양을 장식한 수레로, 사람이 탈 수 있고, 무게는 약 12톤, 높이는 약 25미터에 달하며, 이를 끄는 데 사오십 명의 인력이 필요하다. 총 스물세 기인 야마는 2층 구조의 산 모양의 수레로, 윗부분을 신마쓰眞松라는 소나무로 장식한다. 무게 1.2~1.6톤, 높이는 약 15미터, 대략 열다섯에서 스물다섯 명 정도가 끈다. 수레 위에는 사람이 타는 야마가 있고, 어떤 야마는 중국이나 일본의 고사 등에 나오는 장면을 재현한 인형을 태우기도 한다. 야마보코는 최고급 목재를 사용해 만들며, 섬유, 금속 등을 이용하여 장식하고, 목공, 칠, 염색 등 다양한 전통 공예 기술이 집약되어 있다. 그래서 야마보코 가운데 상당수가 중요문화재로 지정되어 있다.

기온마쓰리가 열리는 7월은 무척 덥다. 요즘은 한국도 과거보다 여름이 더워졌으나, 일본의 여름 더위는 상상을 뛰어넘는다. 2001년 오카야마에서 살 때 우리 집에는 에어컨이 없었다. 여름이 다가오자 옆집 아주머니는 에어컨 없이 여름을 보내기 어려울 것이라 걱정했다. 선풍기로 충분히 버틸 수 있다고 자만했던 나는 7월이 되자마자 전자용품점으로 달려가 엘지전자 에어컨을 샀다. 집 안에 가만히 앉아 있어도 마치 습식 사우나에 있는 것처럼 땀이 줄줄 흘렸기 때문이다. 엘지전자 에어컨을 선택한 이유는 애국심보다도 당시 가장 저렴하게 미끼상품으로 팔리고 있는 것을 전단지 광고에서 보았기 때문이다. 거실에 단 작은 에어컨 하나로 네 식구가 여름을 겨우 견뎠다. 오륙 년 뒤 학회 때문에 오카야마를 다시 갔다가 우리가 살던 월세 집에서 엘지전자 에어컨 실외기를 발견하고 왠지 모르게 자랑스러웠던 기억이 있다.

분지에 자리한 교토의 더위는 더욱 심하다. 한낮에 밖에 나가면 찜통더위라는 말이 딱 어울린다. 그래서 나는 여름에 교토 여행을 계획하는 사람이 있으면 일단 말린다. 아무리 멋진 명소라도 구경보다는 에어컨 있는 곳부터 찾게 되기 때문이다. 그래도 여름에 가야 한다면 기온마쓰리를 구경할 수 있게 일정을 짜길 바란다. 기온마쓰리는 교토 여름의 최고 볼거리니까. 어디까지나 꼭 여름에 가야 한다면 말이다.

7월 17일 사키마쓰리 야마보코 순행은 더운 날씨를 고려해 오전 아홉 시에 시작하여 점심 무렵 마무리된다. 참가하는 야마보코 수가 적은 7월 24일 아토마쓰리는 아홉 시 반에 출발한다. 그렇지만 더위에 대비해 복장 등을 단단히 준비하고 구경에 나서야 한다. 일찍 나가서 그늘이 있는 자리를 선점하는 것도 중요하다.

야마보코 순행의 순서는 매년 추첨으로 정하지만 사키마쓰리의 경우 나기나타보코長刀鉾라는 야마보코가 항상 선두에 선다. 나기나타보코는 교토의 가장 번화가인 시조가라스마四条烏丸의 나기나타보코초長刀鉾町가 운영하는 야마보코로, 1441년경부터 운행된 가장 오래된 야마보코다. 이름과 같이 장대의 꼭대기에 전염병을 물리치는 긴 칼이 달려 있으며, 지고稚児 역할의 남자아이를 태운다. 지고는 야마보코가 통행하는 길을 깨끗하게 하는 신의 사자로, 남자아이가 이 역할을 맡는다. 아오이마쓰리의 히로인이 사이오다이라면, 기온마쓰리의 히어로는 지고인 셈이다. 이 아이도 얼굴을 하얗게 칠하며, 땅에 발이 닿지 않도록 사람이 안아서 야마보코에 태운다. 다른 야마보코는 지고 역할을 하는 아이 대신 인형을 태운다. 즉 '살아 있는' 지고가 타는 것은 나기나타보코뿐이다.

각 마을에서 경쟁적으로 치장한 야마보코는 예술 작품을 방불케 하며, 하나하나 독특한 개성과 이야기를 담고 있어 더위를 견디며 볼 만한 가치가 있다. 특히 겐소힌懸裝品이라고 하는 야마보코 몸통의 앞면과 옆면 그리고 뒷면을 화려하게 장식한 염직물과 공예품은 눈여겨 봐야 한다. 연이어 오는 야마보코에 정신이 팔리다 보면 야마보코의 뒷면은 소홀히 하기 쉬운데, 뒷면에는 대개 여러 가지 색실로 그림을 짜 넣은 직물인 거대한 태피스트리(tapestry)가 걸려 있다. 하나하나가 걸작품인 이 태피스트리가 중요한 관람 포인트다.

소리 없는 행렬인 아오이마쓰리와 달리, 기온마쓰리는 야마보코에 탄 남자들이 피리, 북, 징 등을 연주하여 힘을 돋운다. 이들을 하야시카타囃子方라고 하며, 어릴 때부터 연습을 시작하여 처음에는 징, 그다음은 피리로 역할을 옮겨 간다. 큰 북은 가장 숙련된 사람이 연주한

7월 17일의 사키마쓰리에서 항상 선두에 서는 나기나타보코의 뒷모습이다. 정교한 태피스트리가 걸려 있다.

사키마쓰리의 니와도리호코鷄鉾의 뒷면에도 16세기 벨기에서 만든
태피스트리가 걸려 있다. 일리아스의 트로이 전쟁에 출전하는 헥토르와
처자의 이별을 담은 작품으로 중요문화재로 지정되어 있다.

다. 야마보코마다 삼사십 곡의 레퍼토리가 있다고 하나, 일본 전통 음악을 전혀 모르는 내 귀에는 거의 비슷하게 들렸다. 마쓰리 참가자 중 가장 힘든 사람들은 역시 줄로 야마보코를 끄는 이들이다. 이들을 히키테曳手 또는 가키테舁手라고 부르는데, 이 역할은 젊은 성인 남자들 위주이지만, 야마보코를 멈추는 일 등을 하기 위해 뒤에서 줄을 잡고 가는 역할에는 남녀노소가 모두 참여할 수 있다. 이 밖에도 야마보코 윗부분에 타고 장대와 신마쓰의 움직임을 조정하는 사람도 있으며, 마을 자치 조직인 조카이町会의 임원들은 전통 복장 차림으로 야마보코의 앞이나 뒤에서 행진한다.

이같이 야마보코 순행에는 다양한 역할을 하는 많은 사람이 필요하다. 야마보코를 운영하는 조들은 모두 도심부에 있어서 1960년대 이후 도심 공동화로 인한 인구 감소로 행사에 어려움을 겪었다. 그래

호코에는 하야시카타라는 악기를 연주하는 사람들이 타고 있다. 앞쪽 아래에 줄을 잡고 탄 두 사람은 온도카타音頭方라고 하며, 부채로 출발이나 회전 등을 신호하고 지휘하는 역할을 한다. 호코의 꼭대기에 타서 장대의 움직임을 조정하여 건물이나 전선과의 충돌을 막는 사람은 야네카타屋根方라고 한다. 하야시카타는 호코 2층의 가장자리에 십여 명이 걸터앉는데, 호코가 많이 흔들리므로 떨어지는 것을 막기 위해 발을 밧줄로 고정하기도 한다. 야네카타도 대개 양쪽에 각각 두 명이 탄다.

사람이 탈 수 없는 야마의 경우, 하야시카타가 탈 수 없으므로 야마 앞에서 악기를 연주하기도 한다. 이 하야시카타에는 아이들도 참가했다.

간코쿠호코函谷鉾 앞에 조카이 임원들이 행진하고 있다.

서 현재는 아르바이트에 의존하거나 지역 기업의 도움을 받고 있다. 특히 야마보코를 끄는 젊은 남성들은 주민보다 교토의 대학생들이 아르바이트나 자원봉사의 형태로 더 많이 참여한다. 행사를 운영하는 마을의 보존회에도 과거에는 아파트 건설 등으로 인해 새로 이주해 온 주민은 가입시키지 않았으나, 지금은 오히려 가입을 권장하고 있다. 지금도 여성의 탑승이나 참가를 금지하는 야마보코가 있지만, 이를 허용하는 야마보코도 늘고 있다. 전통의 보존은 중요하지만, 시간 흐름에 따른 사회 변화에 적응하지 못하면 전통의 유지도 불가능한 것이다. 최근에는 교토에 유학 온 외국인 대학생이 야마보코를 끄는 모습도 심심찮게 눈에 띈다.

도쿠사야마木賊山는 앞에 깃발을 든 사람부터 야마를 끄는 사람까지 대부분이 외국인이다.

전통의 계승을 위해 청소년의 참여를 적극적으로 유도하는 것 같다.

청색 상의를 입은 사람들은 야마보코의 운행을 제어하는
사람들로, 전문적인 기술이 필요하다.

교토시청 앞의 유료 관람석이다. 이 부근에서 야마보코들이
회전하기 때문에 보다 역동적인 광경을 구경할 수 있다.

일정을 7월 17일과 24일에 맞추지 못하더라도 기온마쓰리를 즐길 수 없는 것은 아니다. 7월 10일경부터 마을마다 야마보코를 조립하는 행사가 시작되며, 조립이 끝난 야마보코를 구경하고 직접 타 볼 수도 있다. 다만 아직도 여성이나 상중(喪中)인 사람은 탑승을 금지하는 야마보코도 있다. 야마보코만 볼 수 있는 것이 아니다. 수백 년 동안 대대로 장사를 해온 상점들이 자신들이 소장하고 있는 멋진 병풍이나 미술품을 공개한다. 상인들이 자신들의 부와 긍지 그리고 전통을 자랑하는 것으로, 이 가운데는 문화재급 명품도 적지 않다. 전시물을 보기 위해 사람들이 긴 줄을 서기도 한다. 야마보코가 전시된 길에는 각종 기념품과 음식을 파는 노점들이 들어서고, 사람들이 밀려다닐 정도로 붐빈다. 따라서 조금 시원해지는 저녁 무렵 시내 곳곳을 돌아다니며 이러한 볼거리, 먹거리를 즐기는 것만으로도 충분히 기온마쓰리를 경험할 수 있다. 2009년 유네스코 인류무형문화유산으로도 등재된 기온마쓰리는 교토 사람들이 전통문화를 보존하기 위해 어떤 노력을 하는지, 그리고 이를 어떻게 즐기고 활용하는지를 배울 수 있는 좋은 기회다.

한국은 지역 주민들이 주체가 되는 고유한 지역성을 담은 전통 행사가 거의 사라지고 말았고, 대신 지방자치단체가 창조(?)한 비슷비슷한 성격의 축제가 지역 주민과는 별로 관계없이 열린다. 이에 비해 일본에는 동네마다 전통적인 행사가 아직도 유지되고 있다. 그만큼 일본은 지역 공동체의 힘이 세고, 주민들이 지역에 대한 애착이 강하며, 이웃 간의 교류도 활발하다. 우리와 일본의 이러한 차이와 이를 낳은 요인을 비교하여 우리가 참고할 만한 점을 찾아야 한다.

야마보코가 서 있는 큰길에 사람들이 넘친다. 기온마쓰리 전날에 교토 중심부 거리에 전시된 야마보코들을 구경할 수 있는 기회가 있다. 야마보코를 직접 타 볼 수도 있으나, 여성은 태우지 않는 야마보코도 있다.

좋은 자리를 차지할 요량으로 서둘러

지다이마쓰리

교토 3대 마쓰리 중 마지막은 매년 10월 22일 헤이안진구를 중심으로 열리는 지다이마쓰리다. 10월 22일은 간무 천황이 헤이안쿄에 들어온 날로, 이 마쓰리는 헤이안 천도와 함께 헤이안진구의 창건을 기념하기 위한 행사다. 그래서 3대 마쓰리 가운데 가장 역사가 짧아 1895년에 처음 열렸다. 마쓰리의 주된 내용은 메이지유신부터 에도, 아즈치모모야마, 무로마치, 요시노, 무로마치, 후지하라, 엔랴쿠 시대를 거슬러 올라가면서 총 여덟 개 시대로 나누어 각 시대의 의상과 도구를 재현하여 펼치는 가장행렬이다. 약 이천 명의 참가자가 2킬로미터 길이의 행렬을 이루어 약 세 시간에 걸쳐 교토고쇼에서 헤이안진구까지 행진하며, 천백 년 동안 수도였던 교토의 역사를 파노라마처럼 보여 준다. 특히 치밀한 고증을 통해 제작한 각 시대의 의복과 무기 등을 한눈에 볼 수 있다. 기온마쓰리에는 여성이 거의 참여하지 않는 데 비해, 지다이마쓰리에는 남녀노소 모두가 참여하는 것이 특징이다.

일본의 큰 마쓰리에서는 대부분 유료 관람석을 운영한다. 멋모르고 유료 관람석에서 아오이마쓰리를 구경하고 실망했던 나는 지다이마쓰리 구경에 돈을 쓰지 않기로 했다. 열두 시부터 행진이 시작되므로, 좋은 자리를 차지할 요량으로 서둘러 열 시쯤 출발 장소인 교토고쇼로 갔는데, 이것이 탁월한 선택이었다. 교토고쇼를 둘러싼 넓은 공원에는 마쓰리에 참가하는 사람들이 준비에 한창이었다. 의상을 갖추

무로마치 막부의 행렬이 준비를 마치고 도열했다.

지다이마쓰리에는 많은 말이 동원된다.

메이지유신 시대의 고적대가 피리 연습을 하고 있다.

오하라大原 여성으로 분장을 마친 젊은 여성들은 역시 핸드폰에 집중하고 있다. 이들은 땔감을 머리에 이고 행진한다.

고 분장을 하는 사람, 악기 합주를 연습하는 고적대, 모든 준비를 마치고 구경꾼의 카메라에 포즈를 취해 주는 사람도 있었다. 본 행사보다 훨씬 더 가까이에서 참가자들을 관찰할 수 있었다. 가장 좋은 계절인 10월에 개최되는 행사여서 사람들의 표정이 무척 밝았고, 모두 기대에 들뜬 모습이었다. 이곳저곳을 돌아다니며 참가자의 모습을 자유롭게 카메라에 담은 뒤, 교토고쇼를 빠져나가 마쓰리를 구경할 장소를 찾았다.

　　마쓰리가 시작됐다. 행렬의 선두는 교토 부지사(京都府知事)와 교토 시장이 탄 마차가 이끌었다. 그리고 교토시의회 회장과 부회장, 마쓰리 협찬 회장, 교토상공회의소 회장 등이 멋진 마차를 타고 지나

백마를 탄 오다 노부나가織田信長 역할을 맡은 사람은 인기가 좋았다.

이 여성은 사람들을 위해 포즈를 취해 주었다.

마쓰리에 참가하는 꼬마들이 즐거운 표정을 짓고 있다.

가장 인기가 많았던 사람들은 무라사키 시키부紫式部 등 여성이었다.

깃발을 든 사람은 쇼맨십이 있어
보였다.

소가 끄는 수레는 전통 행사마다 등장한다.

말을 탄 아시카가 쇼군이다.

흰 화장을 하고 전투 복장을 한 여성이
백마를 타고 지나간다.

간다. 일본은 한국보다 관의 권위와 돈의 힘이 인정받는 사회가 아닐까 하는 쓸데없는 생각을 잠시 했다.

'지다이마쓰리'라고 적은 깃발을 든 사람을 맨 앞으로 하여 본격적인 대열이 시작됐다. 행렬은 여덟 개 시대의 스무 개 정도의 집단으로 나누어 진행됐으며, 칠십여 마리의 말도 동원됐다. 이름 그대로 북과 피리로 구성된 19세기 복장의 고적대가 행진을 이끌었으며, 각 시기의 유명인으로 분장한 사람들이 지나갔다. 사카모토 료마坂本龍馬, 이시다 미쓰나리石田三成, 도요토미 히데요시, 오다 노부나가, 무라사키 시키부 등이 내가 아는 인물이었다. 무라사키 시키부는 소설 『겐지 모노가타리源氏物語』를 쓴 헤이안시대의 여성 작가다.

붉은 가발을 쓰고 북을 맨 이 꼬마의 역할이 무엇인지 궁금했다.

가장 많은 사람이 참가한 행렬이다.

전통 복장 차림이나, 이 여성은 행렬을 유도하고 보호하는 기마경찰이다. 다른 말들은 모두 마부가 끌고 가지만, 이 여성은 멋진 자세로 혼자 말을 탔다.

빗자루와 카트를 끌고 행렬을 따르는 이 사람의 역할은 무엇일까?
행사에 동원된 말들이 수시로 실례를 하는데, 말의 배설물을 치우는
중요한 역할을 맡고 있다.

축제는 도시를 닮는다

교토에는 일 년 내내 크고 작은 마쓰리가 열린다. 신사와 절에서 개최하는 마쓰리가 많지만, 지역 주민들이 여는 각 동네의 마쓰리가 있고, 이름만 마쓰리인 것도 있다. 내가 빼놓지 않고 간 고혼마쓰리古本祭り는 이름은 마쓰리이지만 헌책을 파는 행사에 가깝다. 일 년에 네 번 열리며, 교토와 오사카의 헌책방들이 참여하여 책과 함께 음반, 그림, 지도, 엽서, 영화 포스터 등을 판다. 가을에는 항상 교토대학 바로 옆의 지온지知恩寺라는 절에서 개최되며, 행사 시작 전에는 부처님께 책을 공양하는 행사를 한다. 나는 이곳에서 책과 연구 자료로 사용할 일제강점기 한국을 찍은 엽서와 여행안내서 등을 샀다. 매매되는 자료 중에는 옛날 학교성적표, 상장, 앨범, 편지 등도 있었다. 그 주인공들은 이미 이 세상 사람이 아니겠지만, 자신의 지극히 개인적인 자료가 팔리고 있는 것을 알면 어떻게 생각할지 궁금했다.

지금까지 교토의 마쓰리에 관하여 이야기해 보았다. 내가 잘못 본 것일 수도 있으나, 교토의 마쓰리는 다른 지역의 마쓰리에 비해 더 엄숙하고 의례적이고 차분하고 조용하다. 교토의 지역성과 함께 주민들의 성격까지 반영하고 있다는 생각이 들었다. 가까이 있는 오사카의 덴진마쓰리天神祭를 구경하고 이런 생각이 더 강해졌다. 기온마쓰리와 함께 일본의 3대 마쓰리인 덴진마쓰리는 덴만구天満宮라는 신사에서 개최하는 마쓰리다. 덴만구가 신으로 모시는 스가와라노미치자네菅原道真의 제삿날인 7월 25일에 열린다. 기온마쓰리와 덴진마쓰리

지온지 정문에 고혼마쓰리를 알리는 현수막이 붙어 있다.

절 안에서 서점별로 천막을 치고 헌책을 판다.

헌책을 경매하고 있다.

정말 오래되어 보이는 책들이 쌓여 있다.

덴진마쓰리는 강 위에서 야간에 진행된다. 돈을 낸 관람객들이 같은 옷을 입고 배를 타서 술과 음식을 먹으며 마쓰리를 구경한다.

밤이 깊어지면 분위기는 더욱 고조된다.

모두 신을 모시는 행사를 골자로 하지만 분위기가 상당히 달랐다.

기온마쓰리의 핵심인 야마보코 순행은 오전 중에 길 위에서 상당히 경건한 분위기로 이루어졌으나, 덴진마쓰리의 주 행사인 후나토교船渡御는 야간에, 그리고 오사카를 관통해 흐르는 오카와大川라는 강 위에서 훨씬 흥겨운 분위기로 진행됐다. 후나토교는 신령을 태운 가마를 배에 싣고 옮기는 것이다. 신여(神輿)를 태운 배 뒤로, 악기를 연주하는 사람을 태운 배 등이 따랐고, 관람객들도 배를 타거나, 또는 강가에서 이를 구경했다.

강에는 불을 밝힌 배가 여럿 떠 있고, 관람객을 태우는 배에는 먹고 마시면서 마쓰리를 구경하는 사람들로 만원이었다. 행사가 무르익으면서 일본인들이 가장 좋아하는 하나비花火(불꽃놀이)가 시작됐다. 일본 여름의 풍물시(風物詩)인 하나비는 화려한 불꽃뿐 아니라 엄청난 소리로 사람들을 흥분하게 만들었다. 시내 곳곳에는 노점들이 음식을 만드는 연기를 피워 올렸고, 음식 냄새로 가득 찼다. 유카타 차림으로 시내를 몰려다니거나 술을 마시면서 웃고 떠드는 사람들로 넘쳐흘렀다. 우리가 흔히 상상하는 축제의 모습 그대로였다. 덴진마쓰리에는 보통 백오십만 명이라는 엄청난 인파가 몰린다고 한다.

한 시간 거리로 그다지 멀지 않은 교토와 오사카는 도시의 특성이 다른 만큼 마쓰리의 분위기가 사뭇 달랐다. 한국인이 즐기기에는 오사카 쪽이 더 좋을 것 같다.

축제에는 어김없이 쓰레기를 정리하는 자원봉사자들이 등장한다.
'DUST BUSTERS'라고 새긴 셔츠를 입었다.

쓰레기를 분리, 수거하는 임시 쓰레기통이 설치되어 있다.

5

내가 사랑하는
것들을 교토에서도
즐기는 방법

경기에 지고 울면서 흙을
담는 모습은 조금 안되어
보이는데, 중계에서는
이 장면을 꼭 비추어 준다.

야구를 멀리하면 오래 살 것 같으나
고시엔

나는 야구를 무척 좋아한다. 1970년대 초등학교 시절부터 삼촌을 따라 동대문야구장에 고교야구를 보러 다녔고, 중학교 때는 혼자 실업팀의 경기를 보러 가기도 했다. 고등학교는 야구팀이 있는 학교에 다녀서 시합이 있으면 응원하러 갔지만, 실망스럽게도 우리 학교는 성적이 늘 좋지 못했다. 고등학생 때인 1982년 프로야구가 생겼고, 지금까지 변함없이 한 팀을 응원하고 있다. 예전에 어느 선전에도 나왔지만 '야구를 멀리하면 오래 살 것 같으나, 야구를 멀리하고 오래 살 이유가 없다'라는 말에 나는 전적으로 동감한다.

이른 봄 가모가와鴨川 변을 뛰는 야구 선수들의 모습이 싱그럽다.

일본은 야구의 나라다. 야구의 종주국인 미국의 메이저 리그를 따라갈 수는 없겠지만, 월드베이스볼클래식(WBC)과 같은 대회에서 우승하는 것을 보면 대단한 나라라는 걸 느낀다. 교토에 있는 동안 여러 차례 야구장을 찾았다. 먼저 3월 말에 고시엔甲子園 고교야구전국대회를 구경하러 갔다. 고시엔은 대회의 이름이 아니라 효고兵庫현(県) 니시노미야시西宮市에 있는 지명이자 야구장의 이름이다. 일본의 고교야구전국대회는 사실상 일 년에 두 번 열리고, 이 두 번의 대회가 모두 고시엔에서 열리기 때문에 '고시엔 대회'라고 하면 고교야구전국대회를 뜻한다. 고시엔은 오사카시와 고베시神戶市 중간쯤에 위치하며, 오사카 도심에서 전철로 이십여 분밖에 걸리지 않는다. 교토에서도 한 시간 반이면 충분하다. 그리고 한신 전철에는 고시엔역이 있다.

고시엔구장은 일본의 고등학교 야구 선수들이 꼭 한 번 밟아 보고 싶어 하는 일본 고교야구의 성지이기도 하지만, 일본 프로야구의 인기 구단인 한신타이거스의 홈구장이기도 하다. 기대한 대로 1924년 건립된 고시엔구장 자체가 볼거리였다. 사만칠천여 명을 수용하는 이 야구장은 흙과 잔디 그리고 담쟁이덩굴을 3대 자랑거리로 꼽는다. 가고시마鹿児島, 오카야마를 비롯한 전국 각지에서 가져온 흑토와 중국 푸젠성(福建省)에서 가져온 백사(白砂)를 조합한 내야의 흙은 멀리 있는 관객들도 공의 움직임을 잘 볼 수 있도록 계절의 강우량과 태양광 등을 고려하여 배합을 달리해서 색조와 질감까지 관리한다고 한다. 봄에는 백사의 양을 늘리고, 여름에는 흑토를 많이 섞는 식이다. 잔디는 여름 잔디와 겨울 잔디를 같이 심어 일 년 내내 푸른 잔디를 유지한다. 1924년 저렴한 비용으로 야구장 외관을 멋지게 꾸미기 위해 심기 시작한 담쟁이덩굴은 외벽 대부분을 덮어 이 야구장의 상징이 됐다. 고시엔구장을 둘러보며 서울의 동대문야구장을 너무 쉽게 허문 게 못내 아쉽다는 생각이 들었다.

내야에서 외야 쪽을 바라본 고시엔구장이다.

외야에서 바라본 고시엔구장이다.

고시엔구장의 내야 흙은 공이 잘 보이도록 짙은 색이며,
경기 전후에 철저하게 관리한다.

3월에 열리는 고시엔 대회의 공식 명칭은 '선발고등학교야구대회'다. 이 대회는 마이니치每日신문사가 주최하며, '하루노고시엔春の甲子園(봄의 고시엔)'이라 불린다. 이 대회는 '선발'이라는 이름이 뜻하듯이 예선전을 통해 출전팀을 정하지 않고, 전해 가을의 성적 등을 기준으로 선발위원회에서 서른두 개의 출전팀을 선정한다. 일본의 도도부현(都道府縣)이 모두 마흔일곱 개이므로 한 팀도 출전하지 못하는 지역도 생긴다. 단 도쿄도와 홋카이도는 한 팀 이상 출장을 보장한다. 선발위원회에서 선정하므로 야구 실력이 부족하더라도 자연재해 등 곤란한 환경을 극복한 학교, 여러 활동으로 지역에 공헌한 학교 등이 선발되기도 한다. 이에 비해 8월의 고시엔 대회는 공식 명칭이 '전국고등학교야구선수권대회'이며, 아사히朝日신문사가 주최한다. '나쓰노고시엔夏の甲子園(여름의 고시엔)'이라 불리는 이 대회는 전국적으로 삼천오백여 개 학교가 참가하는 지역 예선을 통해 마흔아홉 개 교가 출전한다. 도쿄도와 홋카이도는 두 팀, 나머지 마흔다섯 개 부현(府縣)은 지역대회에서 우승한 한 팀씩만 나온다.

일본은 아직도 고교야구에 관한 관심이 매우 높다. 3월 초부터 교토의 지역 방송에서는 하루노고시엔에 참가가 결정된 학교의 연습 과정 등을 취재하여 방송하고, 한국의 도지사와 같은 교토 부지사가 선수단을 초대해 격려한다. 그리고 공영방송인 NHK에서는 개회식부터 거의 전 경기를 생중계한다.

나는 관중이 적은 날에 가고 싶어 일부러 평일을 택해 고시엔에 갔다. 하루에 세 경기씩 하는데, 오전 아홉 시에 시작한 첫 번째 경기 중간에 입장해서 세 번째 경기 7회까지 구경했다. 내 예상과 달리 관중석은 3분의 2 이상 찼으며, 관객 중에는 노부부나 손자를 데리고 온 할아버지들이 적지 않아 인상적이었다. 일본 야구팬층이 넓고, 또 대를 이어 계승되는 것을 확인할 수 있었다.

고교야구는 프로야구와 달리 진행이 무척 빠르다. 공수교대를 할 때도 선수들이 전력으로 질주하며, 투수들도 쓸데없는 동작 없이 빠르게 공을 던진다. 온 힘을 다해 던지고 치며 달리는 모습도 좋았지만, 경기 전후나 경기 중에 상대방을 존중하고 예의를 다하는 모습이 참 보기 좋았다. 잦은 실수는 선수들에겐 괴로운 일이고 팀에게는 치명적이지만, 관중들을 지루하지 않게 만드는 중요한 요인이었다. 열성적인 응원단도 좋은 구경거리였다. 학교로서는 고시엔 출전이 굉장한 사건이기 때문에 통상 밴드와 치어리더 등을 포함하여 많은 학생이 원정 응원을 온다. 한편으로 고시엔 출전은 학교에 큰 부담이기도 하다. 오사카부와 교토부, 효고현, 나라현, 와카야마和歌山현, 시가滋賀현, 미에三重현 등의 긴키近畿 지방이 아니면 선수단과 응원단의 원정 비용으로 수억 원이 든다고 한다. 시코쿠四国에 있는 도쿠시마德島현의 한 고등학교가 고시엔에서 두 경기를 치르는 데 든 총비용이 4,000만 엔 이상이라는 기사를 본 적이 있다.

8월의 나쓰노고시엔은 구경하지 못했으나, 이 대회에 출전하는 팀을 가리는 7월의 교토부 예선을 보러 갔다. 교토부 예선에만 일흔아홉 팀이 참가하여 세 곳의 경기장에서 나누어 대회가 열렸다. 한국 전체 고교 팀 숫자가 아흔여 개라고 하니 야구의 저변에서 큰 차이가 있

선발고등학교야구대회에 출전하게 된 교토의
어느 고등학교에 축하 현수막이 붙어 있다.

경기 전후에는 양 팀 선수와 심판이 90도로 허리를 숙여 인사한다.

선발고등학교야구대회는
인기가 좋아 관중석이
거의 차며, 노인들도 많다.

경기가 끝나면 승리한
팀의 교가를 부른다.

고교야구라도 맥주는 판다.
등에 맥주 통을 지고 팔러
다니는 사람이 보인다.

는 것이다.

　내가 간 곳은 교토시 서쪽에 있는 '와카사스타디움교토わかさスタジアン京都'란 야구장이다. 이 구장은 1932년에 지었다는데, 서울의 목동 야구장보다 시설이 더 좋아 보였다. 예선전이라 일반 관중은 많지 않고, 학교 응원단이 관중석을 채우고 있었다. 그렇지만 고시엔에 가기 위해 한 경기에 모든 걸 걸고, 공 하나에 최선을 다하는 선수들의 모습은 보는 이도 진지하게 만든다. 교토에서 태어나 고등학교 때까지 이곳에서 선수 생활을 한 김성근 감독의 좌우명인 '일구이무(一球二無)'란 말이 생각났다. 공 하나만 있을 뿐이지 다음은 없다는 뜻이다.

고시엔구장 복도는 휴지 한 장 없이 깨끗하다.

참가팀별로 기념품을 만들어 판매한다.

카레라이스나 야키소바 따위가 매점의 인기 메뉴다. 메뉴 이름은 물론 '고시엔카레甲子園カレー'와 '고시엔야키소바甲子園やきそば'.

    8월의 나쓰노고시엔은 텔레비전 중계로 몇 경기를 지켜보았다. 뙤약볕 아래서도 만원 관중이었다. 고시엔 대회의 전통 중에 흥미로운 것이 많지만, 가장 눈에 띄는 것은 경기가 끝난 뒤 진 팀이 야구장의 흙을 손으로 긁어모아 주머니에 소중히 담아가는 것이다. 3학년 선수들은 고시엔 대회가 끝나면 고교야구 생활이 끝난다는 의미가 있어서 고시엔 참가 기념으로, 1, 2학년 선수들은 고시엔에 다시 오겠다는 각오로 흙을 가져간단다. 경기에 지고 울면서 흙을 담는 모습은 조금 안되어 보이는데, NHK 중계에서는 이 장면을 꼭 비추어 준다. 사실은 우승팀도 기념으로 흙을 가져가는데, 이 장면은 중계하지 않아 사람들이 잘 모른다고 한다. 2024년에는 교토부 대표로 출전한 한국계 국제학교인 교토국제고등학교가 나쓰노고시엔에서 우승하는 쾌거가 일어났다. 전교생이 백사십여 명에 불과한 이 학교의 우승은 기적에 가까운 일이며, 예선부터 결승전까지의 승리로 한국어 교가가 고시엔에 여러 번 울려 퍼졌다.

    프로야구는 일본에서 가장 인기 있는 스포츠다. 흔히 일본 직장인의 중요한 즐거움이 퇴근한 뒤 맥주를 마시며 텔레비전으로 프로야구 중계를 보는 거라고 한다. 한국은 하나의 리그에 열 개 팀이 있지만, 일본에는 열두 개의 프로야구 팀이 있어 여섯 팀씩 센트럴리그

전국고등학교야구선수권대회 교토부 예선이 열리는
와카사스타디움교토의 구장이다. 예선전이라 관중석이 한산하다.

외야는 잔디밭이고, 말끔하게 정비되어 있다. 이 대회를
개최하는 아사히신문사의 깃발이 보인다. 한국인들이 싫어하는
욱일기와 같은 문양이다.

패배한 팀의 선수들이 고시엔구장의 흙을 담고 있다. 텔레비전 중계 화면을 촬영한 것이다.

와 퍼시픽리그로 나누어 경기를 진행한다. 열두 개 팀 가운데 가장 인기 있는 팀은 도쿄를 연고로 1934년 창단하여 가장 역사가 긴 요미우리자이언츠다. 고시엔을 홈구장으로 한신타이거스가 1935년 두 번째로 창단됐으며, 오사카, 교토, 고베를 중심으로 열성팬을 많이 가지고 있다.

여름에는 평소 부러웠던 돔구장을 가 보았다. 한국에는 아직 고척스카이돔밖에 없으나, 일본에는 여러 개의 돔구장이 있다. 오릭스버팔로스의 홈구장인 교세라돔오사카京セラドーム大阪에 가서 지바롯데와 오릭스버팔로스의 경기를 봤다. 사실 경기보다는 돔구장이 궁금했다. 돔구장은 관중뿐 아니라 선수도 경기에 더 집중할 수 있을 것 같은 분위기였으며, 기온이 32도까지 올라간 더운 날씨였지만, 시원하게 야구를 즐길 수 있어 좋았다. 가장 마음에 든 곳은 외야에 있는 맥주 가게였다.

오사카에 있는
교세라돔 외관이다.

교세라돔의 내부 모습이다.

어린이 야구
선수들이 단체로
구경 왔다.

교세라돔의 천장은
우주선 같아 보인다.

어린이 야구 선수들이
돔구장을 밟아 볼 수 있는
행사를 한다. 아이들에게
좋은 경험이 될 것 같다.

외야 쪽에 있는 맥주
가게의 내부다. 맥주를
마시며 야구를 볼 수 있다.

맥주 이야기가 나왔으니 말인데

2016년 일본에 있을 때 부러웠던 것 가운데 하나가 한국보다 훨씬 다양한 맥주가 생산, 판매된다는 것이었다. 한국에서도 많이 팔리는 아사히, 기린, 삿포로 맥주 외에도 에비스, 산토리 맥주 따위가 있고 각 지방에서 만드는 맥주도 다양했다. 교토대학에서는 와세다대학과 공동 개발한 맥주를 학교에서 팔았다. 그리고 맥주와 거의 비슷한 맛의 핫포슈発泡酒(발포주)라는 술이 있다. 발포주는 맥주보다 원료의 맥아 비율이 낮아 주세를 덜 내기 때문에 맥주보다 저렴하다. 술을 잘 마시지 못하는 사람이나 운전해야 하는 사람을 위해 알코올과 칼로리, 당분이 모두 제로인 엄밀하게 말하면 술이 아닌 맥주도 많이 판매된다. 2001년 오카야마에 살 때, 일본인 손님을 초대해 놓고 발포주를 대접한 적이 있다. 일본에 온 지 얼마 안되어 발포주도 맥주라고 잘못 알았기 때문이다. 나중에 알고 일부러 싼 걸 대접한 것 같아 미안했던 기억이 있다.

최근에는 맥주 문화가 완전히 역전된 느낌이다. 일본보다 한국에서 훨씬 더 다양한 종류의 맥주를 마실 수 있게 됐다. 지역마다 특색 있는 수제 맥주가 생산되고, 전 세계 유명한 맥주가 모두 수입되어 전국의 편의점에서 판매된다. 맥주를 사러 갈 때마다 새로운 맥주가 등장하여 무엇을 먹어 봐야 할지 즐거운 고민에 빠지게 된다. 최근에는 다양한 종류의 무알코올 맥주도 판다.

교토의 여름은 정말 맥주가 생각나는 그런 계절이다. 그렇지만

교토에서 생산된 맥주다.

위스키 회사로 널리 알려진 산토리에서 만든 맥주다.

삿포로 맥주.

산토리의 발포주. 발포주는 아래쪽에 발포성(發泡性)이라는 표시가 조그맣게 적혀 있어 일반 맥주와 구분이 쉽지 않다.

에비스 맥주.

1996년 창업하여 비교적 역사가 짧은 긴가코겐銀河高原 맥주다.

알코올, 칼로리, 당질 모두 제로라고 적혀 있는 무알코올 맥주다.

봄 시즌 한정으로 각 회사에서 만든 맥주들이다. 세 번째 아사히 제품은 발포주다.

산토리의 무알코올 맥주다. 맥주 맛 음료(ビールテイスト飲料)라고 표기되어 있다.

이세伊勢 지방에서 생산되는 맥주다.

유기농 재배한 원료를 사용한 선선 맥주다.

일본의 대표적 고원 휴양지인 가루이자와軽井沢 맥주다.

에일과 아이피에이(IPA) 맥주다.

호로요이는 다양한 맛이 있다.

여름 한정 호로요이다.

가을 한정 호로요이는 사과 맛이다.

겨울 한정 호로요이는 감귤 맛이다.

요구르트 맛 술이다.

교토의 축제 기온마쓰리에 맞추어 포장을 제작한 기린 맥주다.

맥주의 가을 포장 디자인에는 단풍이 빠지지 않는다.

산토리 발포주의 가을 포장이다.

갈수록 맥주 판매량이 줄어들고 있다고 한다. 전문가들은 과거와 비교하여 술을 적게 마셔서라기보다는 특히 젊은 층이나 여성들을 중심으로 새로운 종류의 술을 찾아서 생긴 현상이라고 분석한다. 맥주 대신 달콤한 과일 맛이 나는 알코올 도수 5도 내외의 탄산이 함유된 종류가 인기를 끈다. 한국에서도 팔리는 호로요이ほろよい가 대표적이다. '호로요이'는 가볍게 취한 상태라는 뜻인데, 열 가지 이상의 맛이 있어 골라 먹는 재미가 있다.

이렇게 맥주 판매량이 감소하고 있어서인지 몰라도, 일본의 맥주 회사들은 새로운 맥주 개발에 많은 힘을 기울이고 있다. 특히 생맥주와 비슷한 맛을 내는 캔맥주를 만들기 위해 애를 쓰는 것 같다. 그리고 내용의 변화는 아니더라도 포장을 달리한 계절 한정 맥주가 나온다. 계절에 따라 캔의 그림을 달리한 맥주가 회사마다 나오는데, 그 디자인이 매년 바뀌므로 올해는 어떤 그림이 나올지 기대하게 만든다. 봄에는 역시 벚꽃을, 가을에는 단풍을 넣은 캔이 많다.

아이스크림에 청주를

후시미

사실 교토는 맥주보다 니혼슈日本酒, 즉 청주의 고장이다. 특히 교토시 남쪽의 후시미伏見는 후시미성 등이 있어 역사적으로도 중요한 지역이지만, 물이 좋아 예전부터 청주가 많이 생산되는 지역이기도 하다. 교토의 후시미와 고베의 나다灘는 청주의 양대 산맥으로 꼽히는데, 대조적인 술이 생산된다. 후시미의 지질은 화강암으로 이루어져 지하수에 적당한 미네랄을 포함하고 있으며, 이러한 지층에서 솟아나는 물은 연수(軟水)와 경수(硬水)의 중간인 중경수(中硬水)라고 한다. 이같이 칼슘과 마그네슘 등의 성분을 적당히 함유한 중경수를 사용해 비교적 짧은 기간에 양조하기 때문에 후시미는 단맛이 나고 부드러운 아마쿠치甘口(단맛이 도는) 술이 주로 생산된다. 이와 대조적으로 고베 나다는 미네랄 성분이 많이 포함된 경수를 사용하여 충분히 발효하므로 쓴맛이 나고 강렬한 가라쿠치辛口(씁쌀한 맛이 강한) 술이 많이 생산된다. 그래서 후시미의 술은 '온나자케女酒(여자의 술)', 나다의 술은 '오토코자케男酒(남자의 술)'라고도 한다. 정리하면, 술의 맛을 좌우하는 것은 물이며, 그 물의 성질은 지질에 의해 결정되는 것이다.

많은 양조장이 있지만 후시미의 대표적인 브랜드는 한국에도 널리 알려진 겟게이칸月桂冠과 기자쿠라黃櫻이며, 나다의 대표선수는 마사무네正宗다. 흔히 한국에서 일본 술을 정종이라 부르는데, 사실 정종은 일본 술의 상표 이름이다. 물론 이 두 지역 외에도 일본에서 술이

과거에 겟게이칸의 술을 만드는 데 사용하던 우물이다.
겟게이칸 양조장에는 술 만드는 도구와 과정 등을 전시해 놓았다.

후시미의 또 다른 일본 술 브랜드인 기자쿠라 양조장의 입구다.

후시미의 토산품 상점인 유메햐쿠슈夢百衆에서는 후시미에서 생산되는 여러 가지 술을 판매한다.

유메햐쿠슈에서 맛볼 수 있는 술을 부어 먹는 아이스크림이다.

후시미에 가면 이러한 양조 탱크들을 볼 수 있다.

내가 자주 가던 후시미의
도리세이라는 술집의
외부와 내부 모습이다.

생주(生酒)를 주문하면 술집 중앙에 있는 커다란
술통에서 방금 만든 술을 컵 받침에 넘치도록
따라준다.

유명한 지역이 여러 곳 있다. 북쪽에 있는 니가타新潟현은 술의 주원료인 좋은 쌀이 나며, 주조 전문가인 도지杜氏들이 많아 역시 청주가 유명하다. 최근 한국인에게 인기가 높은 닷사이獺祭라는 술은 2022년에 피살된 아베 신조安倍晋三 전 수상의 고향인 야마구치山口현에서 생산되는데, 닷사이가 유명해진 데에는 국제 외교 무대에서 이 술을 선전한 아베 신조의 공이 컸다.

후시미에 가면 술 만드는 과정 등을 전시해 놓은 박물관이나 양조장을 견학할 수 있으며, 양조장에서는 술을 만드는 데 사용하는 지하수를 맛볼 수도 있다. 그리고 금방 빚은 술을 마실 수 있는 술집도 많다. 내가 추천하고 싶은 것은 아이스크림에 술을 부어 먹는 디저트다. 술과 아이스크림이 의외로 잘 어울린다. 그러나 술을 아주 좋아하는 한 친구는 왜 술을 가지고 이런 장난을 치는지 모르겠다고 화를 냈다. 술은 그냥 마시는 것이 최고란다.

따뜻한 원두를
가슴에 품고

우리보다 일찍 서양 문물을 받아들인 일본은 그만큼 커피 문화도 발달했다. 교토 시내에도 백 년 가까운 역사를 자랑하는 커피숍이 적지 않다. 한국과 큰 차이는 대형 커피 체인점보다 개성 있는 맛을 자랑하는 커피 전문점이 많다는 점이다. 지역에 따라 다르겠지만, 교토에는 스타벅스 외에 대형 체인을 찾기 힘들다. 커피 전문점은 대부분 커피를 볶는 시설을 갖추고 원두와 커피 관련 기구와 상품을 판다.

동네 사랑방 역할을 하는 커피숍이다.

커피 전문점은 크게 두 종류로 나뉜다. 하나는 아침 일찍 문을 열고 오후 다섯 시 정도면 문을 닫는 가게로, 동네의 사랑방 역할을 한다. 동네 주민, 특히 노인들이 이곳에서 커피와 함께 간단한 아침을 먹고, 신문도 보면서 오전을 느긋하게 즐긴다. 다른 하나는 한국과 같이 늦은 밤까지 영업하는 곳이다. 둘 다 종업원들이 자리에 와서 주문받고 커피를 가져다주는 옛 방식이 많다. 나는 이게 맘에 들었다. 다만 좋지 않은 점은 아직도 흡연이 가능한 커피숍이 꽤 남아 있다는 것이다. 다방에서 흡연하는 게 일본 문화라고 생각하는 사람이 많기 때문이다. 물론 이런 곳은 흡연자에게는 천국이지만, 오래전에 담배를 끊었고 평생에 한 일 가운데 금연을 가장 잘한 일로 꼽는 나는 아무리 커피 맛이 좋아도 들어갈 수 없는 곳이다.

교토에는 커피 원두만 전문으로 취급하는 상점도 많다. 나도 집 앞에 있는 원두 가게에서 주기적으로 커피를 샀다. 생두를 고르면 그

1973년에 생긴 이 커피숍은 간단한 식사도 판매한다. 가게 앞에 손님들이 타고 온 자전거가 보인다.

교토를 중심으로 1947년부터 영업한 체인인 이노다イノダ 커피는 스타벅스나 일본의 커피 체인인 타리즈커피タリーズコーヒー, Tully's Coffee에 비해 비싼 가격대의 커피를 판다. '교토의 조식(京の朝食)'이라는 아침 식사 메뉴가 인기 있다.

호시노星乃커피는 일본의 전국적인 커피 체인이며, 조식 메뉴가 있다.

내가 이용하던 원두 가게에는 이렇게
커피의 생두를 진열해 놓았다.

그 자리에서 원두를 볶아 준다.

자리에서 바로 볶아 주었다. 원두의 종류에 따라 로스팅의 정도도 선택할 수 있는데, 대개는 주인아저씨가 추천하는 대로 따랐다. 동네의 작은 가게이지만 취급하는 원두의 종류가 매우 다양해 새로운 종류의 커피를 계속 맛볼 수 있었다. 바로 로스팅을 마친 따뜻한 원두를 가슴에 품고 어떤 맛이 날지 기대에 차서 빠른 걸음으로 돌아오곤 했던 기억이 새롭다.

6

계절을
기억하는
교토

보기엔 별것 아닌
일이나 물건에도 마음이
움직이는 것이 나쁘지는
않아 보였다.

걷던 길을 잠시 멈추고

일본인들에게 봄철 꽃구경은 큰 즐거움이자 중요한 행사다. '하나미花見'라고 하는 꽃구경의 역사는 나라시대까지 거슬러 올라간다. 나라시대의 하나미는 귀족들이 중국에서 들여온 매화를 감상하는 것이었다. 교토가 수도가 된 헤이안시대부터 매화가 벚꽃으로 대체됐으며, 그 이후 하나미는 벚꽃 구경을 의미하게 됐다. 하나미를 서민들까지 즐기게 된 것은 에도시대 이후라고 한다.

하나미를 잘 즐기려면 무엇보다 언제 꽃이 필지, 개화 시기를 잘 알아야 한다. 한국도 봄이 되면 일기예보에서 지역별 꽃이 피는 시기를 안내하지만, 일본은 더 상세하게 이를 보도한다. 3월의 일기예보와 뉴스에는 매일 각 지역의 개화 시기 정보가 소개되고, 전철역 등에도 사람들이 찾아가기 쉽게 꽃 명소의 개화 정보를 붙여 놓는다.

일본의 하나미는 가족 단위로도 하지만 직장, 대학의 학과와 동아리, 친구 모임 등 단체로 하는 경우가 더 많다. 벚꽃이 많이 핀 공원 같은 장소를 찾아 나무 아래 둘러앉아 술과 음식을 나누며 즐긴다. 그래서 좋은 자리를 차지하기 위한 경쟁도 치열하여 회사에서는 신입사원들이 좋은 자리를 맡으려고 아침부터 하루 종일 앉아 있는 경우도 있다. 평소 예의 바르고 공중도덕을 잘 지키는 일본인들도 하나미 때는 무장 해제가 된다. 만취한 사람끼리 다투기도 하고 미아가 발생하며 함부로 버린 쓰레기가 골칫거리가 되기도 한다. 일본의 하나미 풍경을 보면 사람 사는 곳은 어디든 비슷하다고 생각하게 된다.

한큐 전철에서 붙인 노선 주변의 벚꽃 정보. 장소별로 아래쪽에 스티커를 붙여 '꽃망울이 부풀다(つぼみふくらむ)', '드문드문(ちらほら)', '반 정도(五分咲き)', '만개(滿開)', '꽃보라(花吹雪)' 등 다섯 단계로 개화 정보를 표시한다.

그런데 교토의 하나미는 벚꽃 나무 아래에서 먹고 마시기보다는 벚꽃이 늘어선 길을 산책하면서 벚꽃을 바라보는 것이 더 일반적이다. 즉 교토 사람들은 '잔치'보다는 '일상생활'에 가까운 벚꽃 놀이를 즐긴다. 통학 또는 통근길에 벚꽃 아래를 걷거나, 벚꽃을 올려다보며 그 아름다움에 발걸음을 멈추곤 한다.

이런 방식으로 벚꽃을 즐기기에 가장 좋은 장소는 역시 수변이다. 물 위로 뻗은 가지에 달린 벚꽃 송이들, 떨어진 꽃잎이 천천히 흘러가는 물, 맑은 물에 비친 벚꽃의 분홍 그림자 모두가 하나의 그림이 되기 때문이다. 그래서 교토의 벚꽃 명소는 유난히 강이나 수로 변이 많다. 시내에서는 기온祇園을 관통해 흐르는 시라카와 변이 첫손가락에 꼽힌다. 교토를 대표하는 역사 깊은 유흥가인 이곳의 벚꽃은 밤에 봐야 제맛이다. 시라카와 주변에는 시다레자쿠라枝垂れ桜라는 수양

시라카와 변의 시다레자쿠라다. 이 주변에는 멋진 음식점과 술집이 많아 젊은이들이 많이 모인다.

기요미즈데라 아래로 난 유명한 거리인 산넨자카産寧坂의 시다레자쿠라다. 교토 관광 사진에 많이 등장하는 유명 모델이다.

'철학의 길'의 벚꽃이다. 개화 정보에 따르면
'드문드문' 핀 정도.

사람들이 만개한 '철학의 길'의 벚꽃을 구경하러 왔다.
교토의 벚꽃 놀이는 이렇게 걸으며 하는 것이 특징이다.

꽃송이가 너무 무거워 강 쪽으로 나무가 쓰러질 것만 같다. 만개한 벚꽃.
가모가와 변의 벚꽃은 흐린 날씨에 더 운치가 있다.

버들처럼 가지가 땅으로 축 늘어지는 벚나무가 많다. 시다레자쿠라는 교토에 유달리 많아 교토를 상징하는 벚나무이기도 하다.

교토대학에서 멀지 않은 '철학의 길'도 벚꽃으로 유명하다. 이 길은 교토 동북쪽에 있는 일본에서 가장 거대한 호수인 비와琵琶호(湖)에서 끌어온 물을 교토 시내로 흘려보내는 인공 수로를 따라 나 있다. 일본을 대표하는 철학자이자 교토학파의 창시자인 니시다 기타로西田幾多郎(1870~1945)라는 교토대학 교수가 매일 산책한 데에서 길 이름이 유래했다. 봄이 되면 수로를 따라 수많은 벚꽃이 피어 더 아름답다. 니시다 기타로처럼 사색에 잠기어 혼자 걸어도 좋고, 가능하다면 두 사람이 어깨를 맞대고 좁은 제방길을 하염없이 걸어도 좋다.

평소에도 교토 사람들이 휴식 공간으로 즐겨 찾는 가모가와鴨川 변의 벚꽃도 압권이다. 제방을 따라 늘어선 벚나무를 바라보고 있으면 만개한 벚꽃을 달고 있는 나뭇가지가 너무 무거워 나무들이 금방이라도 강 쪽으로 쓰러질 것만 같다. 교토 도심에서 가모가와를 따라 상류로 거슬러 올라가면 데마치야나기出町柳라는 곳에서 두 줄기의 강이 합류하며, 그 중심점에 세계문화유산인 시모가모진자가 세워져 있다. 두 줄기로 흘러온 강 중에서 동북쪽에서 내려오는 강이 다카노가와高野川, 서북쪽에서 내려오는 강이 가모가와賀茂川이며, 벚꽃길은 두 강 모두로 이어진다. 이 가운데 벚꽃 구경을 위해 한쪽을 선택하라면 교토부립식물원까지 장관이 이어지는 가모가와 쪽 제방을 권하고 싶다. 이 밖에도 3월 말에서 4월 초에 교토를 방문하면 어느 곳에서나 벚꽃을 만날 수 있다. 사실 내가 가장 좋아하고 즐긴 것은 둥하콧길에 있는 작은 수로 변과 공원의 소박한 벚꽃들이었다.

이렇게 교토의 벚꽃 놀이는 오가는 길에서 충분히 즐길 수 있으나, 일본인들이 입장료를 내고서라도 보는 벚꽃이 있다. 바로 교토 남동쪽에 있는 진언종(眞言宗) 사찰인 다이고지의 벚꽃이다. 다이고지는 많은 귀중한 문화재를 보유한 세계문화유산이기도 하다. 다이고지의 벚꽃이 유명해진 이유는 1598년 '다이고醍醐의 하나미'라 부르는 도요토미 히데요시의 벚꽃 구경 때문이다. 도요토미는 이를 위해 절에 칠백 그루의 벚꽃을 심었으며, 무려 천삼백 명을 이곳으로 초청하여 성대한 하나미를 개최했다. 특히 하나미에 초청된 여성들에게 두 번 옷을 갈아입도록 명령하여 일 인당 세 벌의 새 기모노가 필요했기 때문에 의상비만 지금 가치로 약 390억 원에 해당하는 돈이 들었다고 한다.

다이고지는 오래된 벚꽃 고목이 많아 전국에서 구경꾼이 모이는 하나미 명소이며, 지금도 많은 사람이 벚꽃을 심고 있다. 돈을 들여 절에 일종의 시주를 하는 것으로, 일본에서는 이를 호우노우奉納라 한다. 금전은 물론 다양한 물건 그리고 자신의 재능을 기부한다. 다이고지에서는 벚나무 묘목을 심고, 그 옆에 봉납의 의미와 봉납자의 이름을 적은 팻말을 많이 볼 수 있다. 후쿠시마 지진 피해 극복을 기원하며 봉납한 나무도 보았다. 봉납의 의미는 사회를 위한 것도 있지만, 개인적인, 특히 인생의 주요 기념일과 관련된 것이 많았다. 일본인의 일생도 우리의 그것과 크게 다르지 않다는 걸 알 수 있다.

다이고지에는 이런
거대한 고목이 많다.

환갑, 퇴직 기념으로 벚나무를
봉납했다는 내용이 적혀 있다.

납량상이 조립되면 여름이 온다

 장마가 끝나면 교토는 연일 35도가 넘는 무더위가 계속된다. 언론에서는 매일 열사병에 유의하라는 주의보가 나온다. 한낮에는 잠시 버스를 기다리는 것조차 힘든 일이기 때문에 교토 시내 주요 버스정류장에는 물을 분무하는 장치를 설치하여 열기를 조금이라도 식힐 수 있게 해 놓았다. 그렇지만 낮에는 돌아다니지 않는 게 상책이다.
 무더운 여름밤이면 서울 시민들이 더위를 피하려고 한강에 나오듯이 교토 사람들도 해가 지면 남북으로 관통해 흐르는 가모가와鴨川에 많이 나온다. 가모가와는 사계절 교토 시민들의 휴식처 역할을 하지만, 특히 여름밤에 많은 사람이 모인다.
 교토의 여름 명물 가운데 하나로, 노료유카納涼床(납량상)라는 게 있다. '납량'이라는 말은 많이 들어 봤을 것이다. 여름이 되면 텔레비전에 납량 특집이라고 간담을 서늘하게 하는 무서운 드라마와 영화를 방영한다. 납량은 여름에 서늘한 기운을 느끼게 하는 것이다. 교토의 납량상은 가모가와 변에 있는 음식점과 술집이 야외에 평상 비슷한 시설을 만들어 술과 음식을 파는 것이다. 강 쪽으로 임시 구조물을 세워 연결한 납량상은 발코니와 비슷한 구조로 생겼다. 니조二条부터 고조五条까지의 강변을 따라 아흔여 개의 업소가 5월 초부터 9월 말까지 납량상을 운영한다.
 납량상 아래로는 가모가와에서 물을 끌어들인 인공 수로인 미소소기가와みそそぎ川라는 작은 물길이 흐르고 있다. 이 물길 위로 높이 4

산조와 시조 사이의 가모가와 변에 설치된 납량상이다.
가게마다 납량상을 설치했다. 가장 왼편에 있는 일본 전통
음식점의 납량상은 바닥에 앉는 형식이다.

미터 정도의 평상을 만들어 이곳에서 음식을 판다. 납량상은 가설물이지만 강변에 설치되므로 하천법의 규제를 받으며, 안전을 위해 엄격한 규정에 따라 운영된다. 홍수 시의 수위를 고려하여 납량상의 높이를 정하며, 지진이나 태풍 등에 대비하여 지지대를 튼튼하게 만들어야 한다. 그리고 납량상의 난간 등 외관은 나무를 사용하고 전통적인 의장으로 통일된 모습을 보이도록 한다. 물론 납량상 밑으로는 튼튼한 쇠기둥이 받치고 있다.

가모가와의 납량상이 연례행사가 된 것은 17세기 초였으며, 18세기 말에는 기온마쓰리 기간에 한정하여 운영했다고 한다. 그리고 당시 납량상은 지금과 같이 음식점에 연결된 형태가 아니었다. 가모가와 중간의 모래섬이나 강물이 얕은 부분 위에 낮은 평상을 설치하여 음식을 즐기고 다시 철수하는 형식이었다. 한국 계곡의 물가 자리에서 시원하게 음식을 즐기는 것과 비슷하다. 지금과 같이 음식점에서 바로 연결된 납량상이 정착한 것은 메이지시대부터다. 처음에는 반영

석양 무렵 멀리서 본 가모가와 납량상의 모습이다.

구적으로 납량상을 설치했으나, 1929년에 금지되면서 매년 설치와 해체를 반복하고 있다. 교토 사람들은 납량상이 조립되는 것을 보고 여름이 온 것을 느끼고, 또 해체되는 모습으로 가을이 왔다는 걸 안다.

납량상의 운영은 가이세키懷石, 가이세키会席, 갓포割烹 따위의 일본 전통 음식점만이 아니라, 중화 요리점, 서양 요리점, 불고깃집 그리고 커피숍도 한다. 심지어 스타벅스도 납량상을 운영한다. 기본적으로 납량상은 밤에 영업하지만, 5월과 9월에는 낮에도 영업한다. 6월부터 8월까지는 식중독 예방을 위해 낮에는 영업하지 않는다.

여름에 교토에 간다면 납량상을 꼭 한 번 체험하길 바란다. 나도 교토에 있는 동안 납량상에 두어 차례 가 보았다. 한 번은 교토대학 교수의 초대로 5월 중순에, 다른 한 번은 한국에서 온 손님을 모시고 7월 초에 갔다. 5월 중순에는 한낮에 29도까지 올라가는 더운 날씨였지만 강바람이 불어 납량상이 무척 시원했다. 그러나 7월 초에는 밤이라도 야외에 앉아 있기에 더웠다. 역시 교토의 한여름은 에어컨이 있

납량상이 없을 때의 가모가와의 모습이다. 왼쪽 작은
물길이 미소소기가와이며, 이 위에 납량상이 설치된다.

가모가와 옆에 만들어진 인공 수로인 미소소기가와다.
사진을 찍는 젊은이들이 즐거워 보인다.

계곡 위에 설치한
기후네노카와도코의 모습이다.

물소리를 들으며 시원하게
식사할 수 있다.

는 실내가 최고이니 7, 8월에는 이름에 걸맞는 납량상을 기대하기 어렵다.

교토에는 납량상을 운영하는 지역이 한 군데 더 있다. 교토 북쪽의 기후네貴船라는 곳이다. 기후네진자貴船神社라는 유명한 신사가 있고, 울창한 숲과 시원한 계곡이 있어 교토 사람들이 여름 피서지로 많이 찾는다. 기후네의 요리점과 여관도 5월부터 9월까지 물이 흐르는 계곡 위에 평상을 설치하여 음식을 판다. 기후네노카와도코貴船の川床라고 하는데, 한국 북한산 계곡의 음식점들이 물 위에 설치해 놓은 평상과 무척 비슷하다. 나는 여름밤에 기후네진자를 다녀오면서 이곳을 구경만 했는데, 물소리를 들으며 술을 마시면 운치도 있고 시원할 것 같았지만, 한편으로 달려드는 모기를 퇴치할 방법이 필요할 것 같았다.

음식점 이야기가 나온 김에 가이세키懷石, 가이세키会席, 갓포割烹에 관해 간단하게 설명하려고 한다. 가이세키懷石 요리는 선종 스님들의 음식에서 유래한 쇼진精進 요리와 함께 교토에서 특히 발달한 요리다. 다도(茶道)와 관련된 요리로, 공복 상태로 자극이 강한 차를 마시는 것을 피하려고 차를 마시기 전에 가볍게 하는 식사였다. 본래는 차를 맛있게 마시기 위한 요리이지만, 격식이 있어 요즘은 코스로 나오는 경우도 많다. 발음은 똑같으나, 가이세키会席 요리는 여러 음식이 차례로 나오는 코스 요리로, 대개 음주를 동반한다. 요즘은 가이세키懷石와 가이세키会席를 혼동해서 사용하고 서양 요리에도 가이세키懷石라는 이름을 붙이기도 하지만, 대개 양에서 차이가 나며, 가장 큰 차이는 가이세키懷石는 밥과 국이 가장 먼저 제공되지만, 가이세키会席는 이것들이 가장 나중에 나온다는 점이다. 교토의 음식점에는 간판에 갓포라고 적힌 곳이 적지 않은데, 갓포는 고객의 기호에 맞추어 즉석에서 요리를 해주는 고급 일본 음식점을 말한다.

7월의 사사카자리

음력 7월 7일인 칠석(七夕)은 한국, 중국, 일본의 공통 명절이다. 중국에서 유래한 칠석은 옥황상제의 노여움을 사서 헤어졌던 견우성(牽牛星)과 직녀성(織女星)이 일 년에 한 번 만난다는 날이다. 옛날에 한국에서는 칠석이 되면 별에 제사를 지내고 소원을 비는 행사가 있었고, 특히 여성들은 직녀에게 바느질 솜씨를 좋게 해달라고 빌었다고 하지만, 요즘은 칠석을 특별하게 기념하지 않는다. 일본은 칠석을 기념하는 풍습이 나라시대에 처음 전래했으며, 한국과 마찬가지로 왕실과 귀족 집안에서는 재봉이나 염직 기술을 향상하게 해 달라고 기원하는 행사를 했다.

한국에서는 이미 유명무실해진 단오나 칠석을 일본에서는 아직도 중요시한다. 다만 모두 양력으로 기념한다. 칠석은 양력 7월 7일뿐 아니라, 한 달 늦은 8월 7일, 아니면 두 날짜를 전후한 시기에 관련 행사를 개최한다. 일본에서는 칠석을 다나바타七夕라고 하며, 주요한 행사로 단자쿠短冊라는 길게 자른 종이나 얇은 나무판자에 소원을 적어 대나무에 건다. 이것을 사사카자리笹飾り라고 한다.

칠석이 되면 교토 시내 곳곳에서 사사카자리를 볼 수 있다. 내가 본 것으로는 먼저 전철 회사가 가모가와鴨川 변에 조명을 켜고 설치한 사사카자리가 있다. 사사카자리와 함께 대나무를 공 모양으로 만들어 그 안에 후린風鈴을 달고 등을 밝힌 후린도우風鈴灯도 강변에 설치해 놓았다. 후린은 바람에 흔들리면 소리가 나는 한국의 풍경(風磬)과 비슷

전철 회사에서 가모가와 변에 설치한 사사카자리다. 사람들이 자신의 소원을 적어 여기에 건다.

바람에 사사카자리가 흩날린다.

가모가와 변에 후린도우를 만들어 놓았다.

호리카와 변의 칠석 행사장 입구다.

하다. 후린도우는 교토의 여름을 대표하는 풍물시란다.

니조조二条城 앞에는 호리카와堀川란 작은 인공 하천이 있는데, 하천이라고 하기에는 너무 작은 물길이다. 호리카와에서도 칠석과 관련된 여러 행사를 개최한다. 주로 야간 조명을 이용한 것들인데, 내가 본 특이한 것으로는 '향(香)의 터널'이라는 시설이 있었다. 견우와 직녀의 사랑을 표현한 향기, 즉 향을 피운 터널인데, 내 생각에는 아마 개천에서 나는 좋지 않은 냄새를 감추기 위한 장치가 아닌가 싶다. 사실 야간 조명도 특별히 화려하거나 아름다운 것은 아니었다. 그렇지만 일본인들은 연신 감탄하면서 야간 조명을 즐겼다. 그다지 감탄할 만한 것은 아니라고 보이는 것에도(적어도 내가 보기에는 솔직히) 일본 사람들은 감탄사를 연발하는 경우가 많다. 진심인지는 잘 모르겠지만. 어쨌든 작은 것에 의미를 부여하고, 즐기고 감동하는 게 일본인들의 심성인 것 같다. 우리가 보기엔 별것 아닌 일이나 물건에도 마음

호리카와 변에 설치한 사사카자리다.

어린아이들이 소원을 그린 사사카자리를
지하철역에 전시해 놓았다.

교토 북쪽의 기후네진자도 칠석 때 많은 사람이 찾는다.
여기서도 사람들이 사사카자리에 소원을 적어 건다.

이 움직이는 것이 나쁘지는 않아 보였다.

　교토 지하철역에 붙여 놓은 사사카자리도 재미있었다. 어린이집에 다니는 아이들의 사사카자리였다. 아직 글을 쓰지 못하는 어린아이들이 그림으로 소원을 표현했는데 그 내용이 무엇인지 도무지 해석이 안 된다. 원래 소원은 남이 모르게 빌어야 이루어진다니 이렇게 자신만이 알 수 있는 그림으로 소원을 빈 것이 더 효과가 있을지도 모르겠다. 대나무에 걸지 않고 벽에 붙여 놓은 것이 아쉽지만, 엄마, 아빠와 함께 자신의 사사카자리를 찾아보면 좋은 추억이 될 것 같았다.

　이렇게 교토는 계절마다 계절감을 느낄 수 있는 행사나 소재가 많아 시민들에게 작은 재미를 선사한다. 그리고 행사나 소재 가운데 새로 만든 것도 있지만, 전통적으로 내려온 것을 계승하고 발전시킨 것이 많다는 점이 교토의 큰 힘이라고 생각한다.

붉게 타오르다

일본에서는 단풍을 모미지紅葉라고 한다. 일본의 단풍은 9월경에 가장 북쪽의 홋카이도에서 시작하여 서서히 남하한다. 단풍이 절정을 이루는 시기의 추이를 '벚꽃 전선'과 대비해 '단풍 전선(紅葉前線)'이라고 부르는데, 단풍 전선은 점차 북쪽에서 남쪽으로 내려온다. 한 지역에서 단풍은 처음 물들기 시작하여 약 이십 일이 지나면 절정을 이루고, 십 일이 더 지나면 잎이 말라 떨어지면서 단풍철을 마감한다. 단풍이 물들기 시작하려면 보통 일 최저 기온이 영상 8도 이하로 내려가야 하며, 영상 5도 이하가 되면 단풍이 물드는 현상이 빨라진다.

교토의 단풍은 11월 말에서 12월 초에 이르는 시기가 절정이다. 한국보다는 상당히 느리므로 한국에서 단풍을 즐기지 못해 아쉬운 사람은 교토에 오면 단풍을 충분히 구경할 수 있다. 내가 교토에 머문 2016년은 여름이 너무 더웠고 단풍철 전에 강수량이 적었던 탓인지 기대보다는 단풍이 아름답지 않았다. 단풍이 아름답게 들려면 기온의 일교차가 커야 하고, 수분이 적당해야 하며, 공기가 깨끗해야 한단다. 지형적으로는 평지보다 경사지의 단풍이 더 아름답다고 한다. 교토는 위의 자연조건을 비교적 잘 갖추고 있어 전국적으로 유명한 단풍 명소가 많다. 다른 지역과 차이점은 교토의 단풍 명소는 산이나 계곡이 아닌 사찰이 많으며, 자연적인 식생이 아니라 대부분 심어 가꾼 것이라는 점이다.

일본에서는 늦가을이 되면 단풍놀이를 떠나는 사람이 많다. 단풍

전철역에 붙어 있는 단풍 지도다. 단풍이 든 정도를 다섯 단계로 나누어 매일 표시한다.

명소라 불리는 장소들은 행락객으로 넘쳐나는데 교토도 그중 한 곳이다. 일본에서 단풍을 감상하는 풍습은 헤이안시대부터 시작됐으며, 특히 수도였던 교토 시내에는 이를 위해 단풍이 드는 낙엽 활엽수를 많이 심었다. 한국은 설악산, 내장산 등이 단풍놀이 명소로 이름나 있는데, 교토는 사찰들이 단풍 명소인 것을 보면 일본은 단풍에도 인위적인 요소가 강하다고 할 수 있다. 과거에는 단풍 구경을 '모미지가리 紅葉狩り'라고 했다. '가리狩り'는 수렵, 사냥을 뜻하는 단어다. 단풍 구경을 모미지가리라고 하는 건 헤이안시대에 사냥하듯이 단풍이 든 나뭇가지를 손으로 꺾어서 손바닥에 얹어 감상했기 때문이라고 한다.

나는 그동안 일부러 단풍을 구경하러 간 적이 없었다. 그냥 서울 시내에서 노랗게 물든 은행나무 가로수길을 걸어본 정도다. 그렇지만 교토에서는 '어딘가로 단풍을 보러 가야겠다!'라는 생각을 갖게 됐다. 우선 전철역에는 봄의 벚꽃 지도와 마찬가지로 단풍 지도가 붙었다. 교토의 단풍 명소들을 지도에 표시하고, 각 명소의 매일매일의 단풍 상황을 다섯 단계로 나누어 보여주었다. 이 지도를 보면 교토 안에서도 북쪽이나 고도가 높은 산지는 단풍이 일찍 시작되어 일찍 시들어 버리는 걸 확인할 수 있다. 매일 오가며 지도를 보다 보면 저곳의 단풍은 어떨까 하는 호기심과 함께 가 보고 싶은 마음이 저절로 들었다. 전국에서 온 단풍 관광객으로 전철역과 버스가 북적이다 보니 내 마음도 같이 들뜨는 걸 어쩔 수 없었다.

그래서 11월 말에 교토에서 단풍으로 널리 알려진 몇 군데를 둘러보았다. 교토의 단풍 명소가 몰려 있는 곳은 동쪽의 히가시야마東山 기슭이다. 히에이잔比叡山에서 시작하여 남쪽으로 뻗은 히가시야마 서쪽 기슭에는 많은 사찰이 산재하는데, 이들 가운데 단풍으로 이름 높은 사찰이 많다. 북쪽부터 열거하면 만슈인曼殊院, 엔코지圓光寺, 시센도詩仙堂, 에이칸도永観堂, 난젠지南禪寺, 기요미즈데라淸水寺, 도후쿠지東福寺 등이다.

이 가운데 만슈인, 엔코지, 시센도는 서로 가까이 있는 사찰들로, 내가 살던 숙소에서 십 분 정도면 걸어갈 수 있는 가까운 거리여서 산책 삼아 자주 근처를 걸었다. 만슈인은 왕족이 대대로 주지를 맡은 몬제키門跡 사찰로, 현재의 자리에 만슈인을 이전하여 조영한 사람은 료쇼뉴도良尙入道 친왕(1623~1693)이다. 그런데 이 사람은 바로 가쓰라리큐를 만든 도시히토 친왕의 아들이다. 아버지를 닮아 다도, 꽃꽂이, 조원, 서도 등에 뛰어나 만슈인의 건축과 정원 곳곳에 그 미의식이 반영되어 있다. 그러나 내가 만슈인의 단풍 가운데 가장 아름답다고 느낀 건 사찰 내부가 아닌 바깥 담장을 따라 여러 색으로 물들어 있는 단풍이었다. 같은 단풍나무였지만 생육 조건이나 개체의 차이 때문인지 아직 녹색인 잎부터 오렌지색, 붉은색으로 변한 잎까지 여러 색이 흰색의 담과 대조를 이루어 무척 고왔다.

만슈인의 흰 담장을 따라 단풍이 붉게 물들었다.
흰 담장과 여러 색을 띤 단풍이 잘 어울린다.

　　시센도는 원래 도쿠가와 쇼군 집안의 가신이었던 이시카와 조잔 石川丈山(1583~1672)이 은거하기 위해 1641년에 만든 산장이었으며, 나중에 사찰이 됐다. 그래서 절의 규모는 작지만, 건물이나 정원이 오밀조밀 어울려 무척 예쁘다. 관광객이 많은 단풍철보다는 겨울에 가서 한적한 분위기를 즐기는 것도 좋다.

　　엔코지의 단풍은 무척 화려했다. 특히 본당에 앉아 감상하는 이른바 가쿠부치테이엔額縁庭園(액자정원)의 단풍이 유명하다. 가쿠부치테이엔은 건물의 기둥과 기둥 사이로 보이는데, 기둥이 액자의 틀 역할을 하여 마치 액자처럼 보이는 정원을 말한다. 따라서 엔코지의 단풍은 본당 툇마루가 아닌 방 안에 앉아 멀찍이 기둥 사이로 단풍을 감상한다. 본당 앞의 정원을 주규노니와十牛之庭라고 하는데, 한 폭의 잘 그린 풍경화를 보는 느낌이었다. 엔코지는 금색 후스마에도 화려한 단풍을 그려 놓아 단풍을 절의 가장 큰 매력으로 내세우고 있음을 알

엔코지 주규노니와의 단풍이다. 떨어진 단풍잎이 푸른 이끼를 덮고 있다.

엔코지 주규노니와의 단풍은 기둥이 액자의 틀 역할을 한다.

엔코지 주규노니와의 단풍은 방 안에 앉아 기둥 사이로 단풍을 감상하길 권한다. 물론 사진 위쪽과 같이 툇마루에 앉아 감상하는 이도 있다.

수 있다.

교토 단풍의 최고봉은 에이칸도다. 옛날부터 "가을에는 에이칸도의 단풍이 최고 볼거리"라는 말이 있을 정도로 단풍으로 이름난 절이다. 젠린지禪林寺가 정식 명칭인 이 절은 원래 미카에리아미타みかえり阿弥陀상으로 유명하다. '미카에리みかえり'는 뒤돌아본다는 뜻이다. 아미타여래상이 고개를 옆으로 돌리고 있는 특이한 모습인데, 아미타여래가 극락으로 돌아가면서 사람들이 잘 따라오나 걱정되어 돌아보는 모습이란다.

에이칸도는 일부러 평일 늦은 오후에 찾았다. 조금이라도 사람이 적은 때에 구경하려는 선택이었으나, 긴 줄을 서서 입장해야 했다. 결국 에이칸도는 관람객으로 가득했지만, 잘 왔다는 생각이 들 정도로 단풍이 훌륭했다.

에이칸도의 단풍 구경은 호조치放生池라는 연못과 산 중턱에 있는 다호도多宝塔(다보탑) 주변이 핵심이다. 약 삼천 그루의 단풍나무가 있다고 하며, 연못 주위에도 역시 여러 종류의 단풍이 있었다. 벚꽃 나무 중에도 가지가 처지는 시다레자쿠라가 있듯이 단풍나무 중에도 가지가 아래로 뻗은 시다레모미지枝垂れ紅葉가 있었다. 일본인들은 이런 수형의 나무를 좋아하는 것 같다. 가지가 아래로 내려가므로 사람들이 꽃이나 단풍을 더 가깝게 감상하기 좋기 때문인가 싶다. 호조지가 유명한 것은 연못 주변에 단풍이 많기도 하지만 연못에 비친 단풍을 감상할 수 있기 때문이다. 연못 물에서 무언가가 붉게 타오르고 있는 느낌을 받았다. 단풍나무에 둘러싸인 다보탑에서는 교토 시내를 조망할 수도 있으며, 다보탑을 오르는 돌계단을 떨어진 단풍잎이 수놓고 있는 모습도 놓칠 수 없는 광경이다. 나는 에이칸도에서 난생처음으로 단풍을 제대로 느낄 수 있게 된 것 같다.

에이칸도의 가을은 단풍
관광객으로 발 디딜 틈이 없다.

에이칸도는 연못에 비친 단풍의
모습이 일품이다. 멀리 산속에 보이는
탑이 다보탑이다.

격이 다른 에이칸도의 단풍을 보고 나니, 난젠지나 기요미즈데라와 같은 다른 절의 단풍은 감흥이 덜했다. 개인적인 생각이지만, 기요미즈데라는 가까이에서 구경하는 단풍보다는 본당을 마주 보고 있는 건너편의 고야스노도子安塔 쪽에서 절 전체의 단풍을 멀리서 조망하는 것이 더 좋다. 도후쿠지도 단풍으로 명성이 높고, 특히 쓰우텐쿄라는 다리에서 계곡을 메우고 화려한 자태를 뽐내는 단풍을 구경하는 게 관행화되어 있다. 근처에 갈 일이 있었던 나는 절 입구의 전철역부터 단풍 관광객들이 몰려다니는 걸 보고 구경을 포기하려고 하다가 그래도 언제 다시 오겠느냐는 마음으로 다시 쓰우텐쿄로 향했다. 그러나 다리 앞에서 단풍 구경을 단념했다. 입장을 기다리는 사람도 적지 않았고, 비싼 입장료를 내고 들어가도 사고 방지를 위해 다리 위에서는 사진을 찍지 못한다는 설명문을 보았기 때문이다. 오후 네 시가

기요미즈데라의 단풍은 멀리서
바라보는 것이 좋다.

넘은 시간과 잔뜩 흐린 날씨도 내가 별 미련 없이 발길을 돌리는 데 도움을 주었다. 몇 군데 단풍을 본 뒤 단풍 구경에는 날씨가 무엇보다 중요하다는 걸 깨달아서다. 화창한 날씨가 단풍의 색을 더욱 돋보이게 하고, 환하게 밝아야만 단풍의 미묘한 색감을 구분할 수 있다는 사실을 알게 됐다.

 이러한 사실을 실감하게 된 건 또 다른 교토의 저명한 단풍 관광지인 교토 북서쪽 다카오高雄라는 산간 지역에 있는 고산지高山寺, 사이묘지西明寺, 진고지神護寺를 찾았을 때였다. 고산지는 「조주진부쓰기가鳥獸人物戱画」라는 두루마리 그림을 비롯해 귀중한 그림, 문서 등 많은 문화재가 있어 세계문화유산으로 지정된 절이다. 12~13세기에 걸쳐 만들어진 것으로 추정되는 「조주진부쓰기가」는 인물과 동물을 희화적으로 묘사하여 현대 일본 만화의 원형이라고 꼽히는 작품이다. 교토 시내의 절만 구경한 나는 산속에 있는 절은 어떤 분위기일까 궁금했고 또 세계문화유산이라고 해서 고산지는 일찍부터 한번 가 보고 싶은 곳이었다. 그렇지만 교토 시내에서 버스로 한 시간 가까이 걸리고, 사이묘지와 진고지를 함께 보려면 하루가 허비될 것 같아 미루고 미루다가 절 구경과 단풍 구경을 동시에 하려고 일부러 단풍철에 맞추어 이곳을 찾았다. 그러나 너무 욕심을 부렸는지 날씨가 좋지 않았다. 바람이 불고 하늘도 흐려 금방이라도 비가 올 것 같았다. 오후가 되면 갠다는 일기예보를 믿고 교토역에서 버스를 탔다. 다행히 비가 오지는 않았지만, 세 절을 구경하는 내내 찌푸린 날씨가 이어졌다.

 먼저 고산지로 갔다. 고산지는 계곡 옆의 산비탈을 따라 건물들이 지어졌고, 그중 가장 크고 중심이 되는 건물은 국보인 세키스이인石水院(석수원)이다. 고산지 단풍 구경의 하이라이트는 석수원 툇마루에서 정면으로 보이는 단풍밭이다. 대개 툇마루 앞에 인공 정원을 만든 교토의 사찰과 달리, 석수원 툇마루에 앉으면 가까이로는 단풍나무 군락이 보이고, 뒤로는 바로 산이 펼쳐진다. 둥그스름한 산 능선이 한국의 산과 닮아 사람을 편안하게 해 주었으나, 산에는 사람이 손질한 푸른 침엽수가 자라고 있어 아쉬웠다. 만약 한국의 산이었다면 울긋불긋해졌을 활엽수가 자라고 있었을 것이다.

고산지 구경을 마치고 기요타키가와清滝川라는 작은 하천 옆으로 난 길을 따라 진고지로 갔다. 기요타키가와 계곡 주위를 다양한 색으로 물들이고 있는 단풍이 이뻤다. 산 중턱에 위치한 진고지는 많은 계단을 오르내려야만 구경할 수 있었다. 진고지는 일본 불교사에 큰 획을 그은 두 스님인 구카이空海가 머물고, 사이조最澄가 법화경을 강의한 곳이다. 중심 건물인 금당에 가려면 길게 이어진 넓은 돌계단을 올라야 하는데, 그 돌계단 옆으로 단풍나무가 많았다. 나는 계단 길에 지쳐서인지 단풍이 잘 눈에 들어오지 않았다.

일본 만화의 원형이라고 꼽히는
고산지의 「조주진부쓰기가」의 일부다.

고산지 세키스이인에서 사람들이 단풍을 즐기고 있다.

사람들 없이 혼자 구경한다면 이런 풍경.

고산지 세키스이인은 정원이 산과 바로 이어지며, 주변 산에는 상록 침엽수가 많이 자란다.

진고지의 금당으로 오르는 돌계단 옆의 단풍나무다.

얼마 남지 않은 단풍잎에서 인생의 무상함이 느껴진다.

교토대학의 은행나무를 한가로이 바라보다가 자연스럽게 셔터를 눌렀다.
일상에서 문득 마주친 낯익은 단풍에서 더 진한 감흥을 느낄 수도 있다.

마지막으로 방문한 사이묘지는 세 절 가운데 가장 규모가 작았다. 역시 산비탈에 자리하고 있었으나, 고산지와 진고지에 비해 단풍나무가 많지 않았다. 이 절에서 본 것 중 가장 인상적인 건 단풍잎을 열심히 쓸어 모으는 모습이었다. 떨어진 단풍잎이 보도와 이끼밭을 점점 덮고 있는 것도 꽤 아름다운데 바로 청소하는 건 좀 아쉬웠다.

앞서 살펴보았듯이 일본의 사찰 정원에는 색채를 엄격히 제한한다. 그래서 꽃나무를 거의 심지 않는다. 그럼에도 불구하고 화려한 색감의 단풍을 심은 것은 가련함이나 인생의 무상함을 느끼는 소재라고 여겼기 때문이다. 단풍에서 가련함과 무상함을 느끼는 순간은 아무래도 바람에 하염없이 떨어지는 단풍잎이나 나무에 달린 얼마 안 남은 단풍잎을 보았을 때일 것이다.

며칠 동안 교토의 단풍 명소를 돌아다니며, 나는 평생 볼 단풍 구경을 다 하지 않았을까 하는 생각을 했다. 한편으로, 봄에는 벚꽃, 가을에는 단풍과 같은 소소한 즐거움을 만끽하면서 살아가는 일본인들이 조금 부러웠다. 쳇바퀴 돌 듯 바쁘게 일상을 영위하는 일벌레로 널리 알려진 일본인들보다 요즘은 한국인들이 더 여유 없이 살아가는 게 아닌가 하는 생각이 든다.

참고한 책

유홍준, 2014, 『나의 문화유산답사기 일본편 3 교토의 역사』, 창비.
유홍준, 2014, 『나의 문화유산답사기 일본편 4 교토의 명소』, 창비.
정재정, 2007, 『교토에서 본 한일통사』, 효형출판.

オギュスタン・ベルク(篠田勝英 譯), 1990, 『日本の風景・西欧の景観そして造景の時代』, 講談社.
ロム・インターナショナル 編, 2015, 『京都を古地図で歩く本』, 河出書房新社.
加藤政洋, 2017, 『モダン京都〈遊樂〉の空間文化誌』, ナカニシヤ出版.
家永三郎, 1982, 『日本文化史』, 岩波書店.
歷史探訪研究會 編, 2015, 『京都歴史地図帖』, 小学館.
米澤貴紀, 2016, 『神社の解剖図鑑』, 株式会社 エクスナレッジ.
柏井壽, 2015, 『京都の定番』, 株式会社 幻冬舍.
森谷尅久, 2012, 『京都「地理・地名・地図」の謎』, 実業之日本社.
上杉和央, 2024, 『京都はどう織りなされてきたか』, 古今書院.
小林丈広・高木博志・三枝暁子, 2016, 『京都の歴史を歩く』, 岩波書店.
寿岳章子, 1994, 『京の思い道』, 草思社.
市川健夫, 1978, 『風土の中の衣食住』, 東京書籍株式会社.
岩井忠熊 編, 1997, 『まちと暮らしの京都史』, 文理閣.
烏賀陽百合, 2015, 『一度は行ってみたい 京都「絶景庭園」』, 光文社.
日本博学俱樂部, 1998, 『「県民性」なるほど雑学事典』, PHP研究所.
田中昭三, 2002, 『「日本庭園」の見方-歴史がわかる、腑に落ちる』, 小学館.
井口貢・池上惇, 2012, 『京都・観光文化への招待』, ミネルヴァ書房.
竹地里加子 編, 2016, 『京都図鑑』, JTBパブリッシング.
中川理, 2015, 『京都近代の記憶-場所・人・建築』, 思文閣出版.
志賀重昂, 2014, 『新装版 日本風景論』, 講談社.
清水さとし, 2013, 『京都通になる100の雑学』, 実業之日本社.
後藤武士, 2009, 『読むだけですっきりわかる日本地理』, 宝島社.

후기

요즘 외국에서 한 달 살기, 또는 일 년 살기가 유행하면서 그 경험을 글로 옮긴 이들도 적지 않다. 모든 게 낯선 이국땅에서 생활하는 게 쉬운 일은 아니지만, 일생에 한 번은 도전해 볼만한 가치 있는 일이라고 생각한다. 여러 가지 이유로 고생했던 경험도 나중에는 추억이 되고, 그 추억은 살아가는 데 큰 힘이 되기 때문이다.

그전에 일본에서 일 년을 산 경험이 있었던 나는 초심자의 시행착오를 줄일 수 있었지만, 그래도 교토 생활에 익숙해지는 데에 한두 달, 다시 돌아오기 위한 귀국 준비에 한 달 가까이 소요된 것 같다. 이 책에 겨울 이야기가 별로 없는 것도 1월에는 처음 적응하느라, 12월에는 다시 짐을 싸느라 정신이 없었기 때문이다.

한편으로 일 년도 채 못 되는 짧은 시간의 경험으로 이런 책을 쓴다는 건 무척 용기가 필요한 일이었으며, 그래서 오랜 시간이 걸렸는지도 모르겠다. 무엇보다 두려운 건 연구자이자 교육자인 내가 이 책을 통해 독자들에게 교토에 관한 잘못된 지식이나 편견을 주지 않을까 하는 점이다. 그래서 교토에 대한 개인적인 생각을 담으면서도, 객관적인 사실과 자료에 근거하고자 노력했다. 혹시라도 이 책의 내용에 오류와 문제점이 있다면 현명한 독자들의 이해와 질정을 바란다. 그리고 이 책은 사진으로 설명을 대신하는 부분이 많아 유난히 사진이 많다. 필자가 직접 찍은 사진들이라서 시원찮은 사진도 적지 않으니 역시 너그럽게 양해해 주시면 좋겠다.

책 앞에서도 밝혔듯이 교토는 참으로 매혹적인 도시다. 그 매력을 조금이라도 많이 소개하고 싶어 많은 이야기를 썼지만, 친절하면서도 냉정(?)한 편집자인 한소영 선생에 의해 가차 없이 잘려 나갔다. 나중에 기회가 된다면, 특히 독자들이 원한다면 나머지 교토의 매력 포인트들을 꼭 들려주고 싶다. 끝으로 이 책을 읽고 교토에 가는 사람들이 그 도시의 다양한 면을 발견하고 왔으면 하는 게 나의 희망 사항이다.

2025년 4월
정치영

교토의 정치영 지음
방식 © Jung Chiyoung 2025

초판 1쇄 2025년 5월 30일

한소영 편집
6699프레스 디자인
제이오 인쇄

흰소
등록번호 제2025-000012호
이메일 hinso.editor@gmail.com

ISBN 979-11-992412-0-6